脑动力过关游戏

刘玉成 | 编著

中华工商联合出版社

图书在版编目（CIP）数据

脑动力过关游戏 / 刘玉成编著. -- 北京：中华工商联合出版社, 2018.11（2023.6重印）

ISBN 978-7-5158-2425-3

Ⅰ.①脑… Ⅱ.①刘… Ⅲ.①智力游戏 Ⅳ.①G898.2

中国版本图书馆CIP数据核字(2018)第228351号

脑动力过关游戏

作　　者：刘玉成
选题策划：关山美
责任编辑：付德华　关山美
封面设计：北京聚佰艺文化传播有限公司
责任审读：于建廷
责任印制：迈致红
出版发行：中华工商联合出版社有限责任公司
印　　制：三河市燕春印务有限公司
版　　次：2019年1月第1版
印　　次：2023年6月第2次印刷
开　　本：880mm×1230mm 1/32
字　　数：180千字
印　　张：7.125
书　　号：ISBN 978-7-5158-2425-3
定　　价：30.00元

服务热线：010—58301130
销售热线：010—58301130
地址邮编：北京市西城区西环广场 A 座
　　　　　19—20 层，100044
http：//www.chgslcbs.cn
E-mail: cicap1202@sina.com(营销中心)
E-mail: gslzbs@sina.com(总编室)

目　录

图形过关游戏 ———— 001

答案 ———— 015

创意过关游戏 ———— 026

答案 ———— 040

数字过关游戏 ———— 053

答案 ———— 074

逻辑过关游戏 ———— 086

答案 ———— 105

字母过关游戏 ———— 124

答案 ———— 133

谋略过关游戏 ———— 142

答案 ———— 157

立体过关游戏 ———— 171

答案 ———— 183

整合过关游戏 ———— 194

答案 ———— 208

第1关 按规律填图

图形过关游戏

? （1）

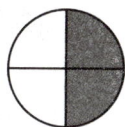 （2）

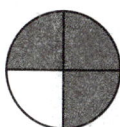 （3）

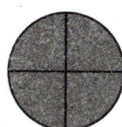 （4）

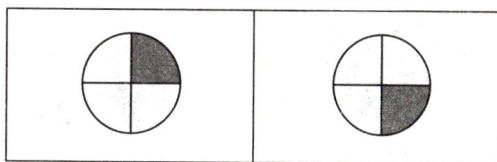

A   B

第2关 按规律填图

图形过关游戏

 （1）

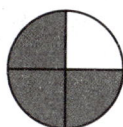 （2）

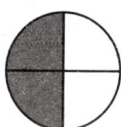 （3）

? （4）

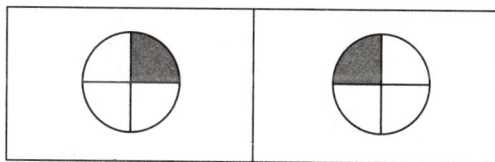

A   B

图形过关游戏

第**3**关 哪个不一样

A

B

C

D

图形过关游戏

第**4**关 找规律

A~F 六个图形中，哪个能延续这个图形序列？

第5关 下一个图形

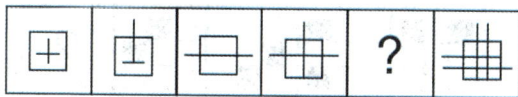

A

B

C

D

第6关 找图形

1. 图中有多少个三角形?

2. 图中有多少个长方形?

3. 你能够找到多少个六边形?

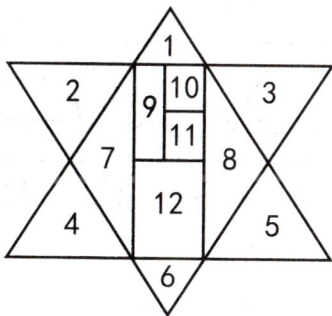

图形过关游戏

第**7**关 下一个图形

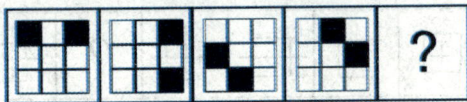

A

B

C

D

图形过关游戏

第**8**关 图形接龙

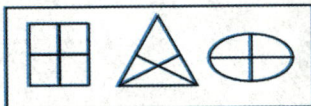

A B C D

第9关 填入符号

如图所示，将符号〇、△、× 填入 25 个空格中，每格 1 个。那么，其中标有"？"的格子应该填入什么符号？

〇	×	△	〇	〇
△	×	△	×	×
×	〇	〇	△	△
〇	△	×	〇	〇
？	×	〇	△	×

第10关 与众不同的一个

下面四个图形中，请找出与众不同的那个。

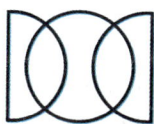

A

B

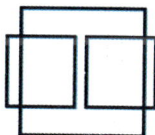

C

D

图形过关游戏

第**11**关 图形接龙

图形过关游戏

第**12**关 找出同类图形

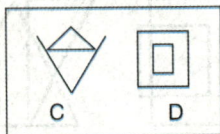

第13关 选出下一个图形

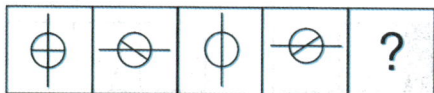

A   B

C   D

第14关 填补空白

A~D 中，哪一块图案适合填在空白处？

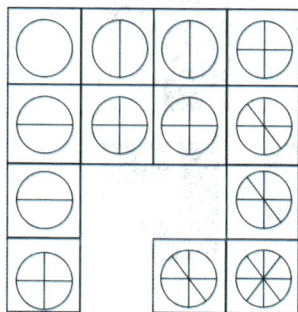

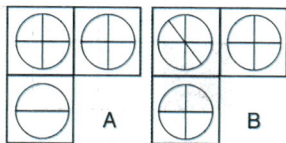

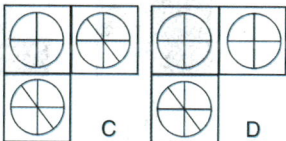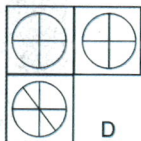

图形过关游戏 **第15关** 黑白格

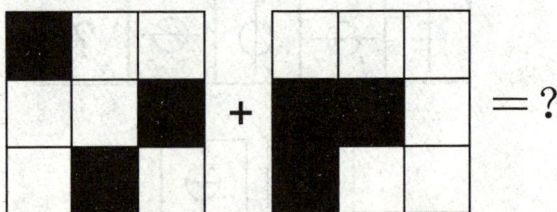

A   B   C

图形过关游戏 **第16关** 黑白格

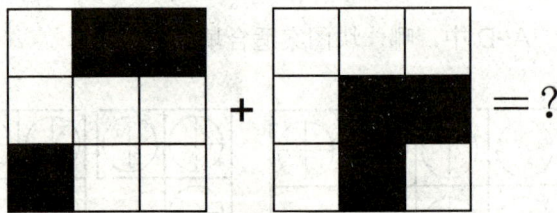

A   B   C

图形过关游戏 **第17关** 黑白格

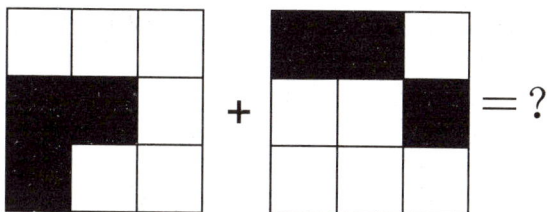

A   B   C

图形过关游戏 **第18关** 黑白格

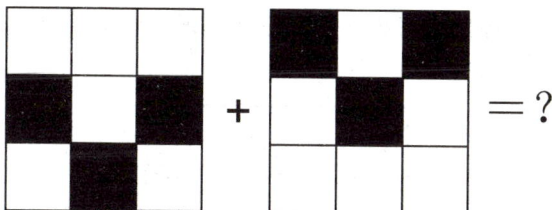

A   B   C

第**19**关 相反的一面

请问下面 A~D 中的哪个图与给定的图正好左右相反？

A   B   C   D

第**20**关 三色连线

请你用线将相同的颜色连起来。要求线与线之间不能交叉。

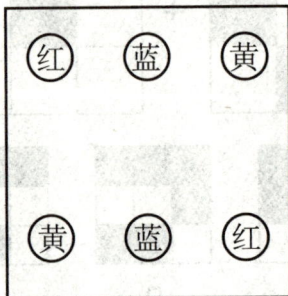

第**21**关 看图片找规律

上下翻转下图中的条状框，请问最少需要颠倒几条才可以使每一横行都与其他行含有完全相同的图案？

第**22**关 图形变化

哪个选项是这一序列中缺少的？

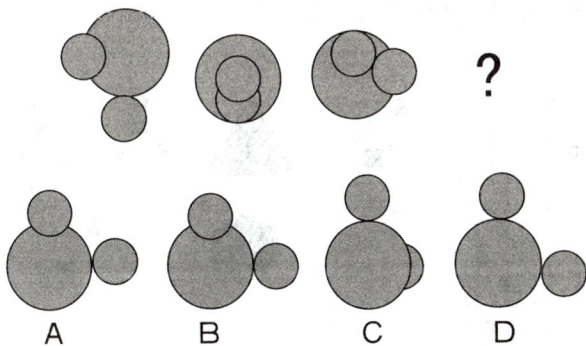

A B C D

图形过关游戏

第23关 右下角是什么图

寻找下图中的规律，然后找出下图右下角的"？"处应该配上哪一个图形？

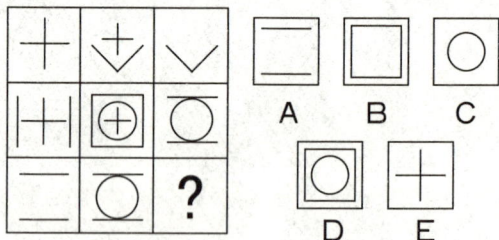

图形过关游戏

第24关 图形匹配

根据图1、图2这两幅图案间的关系，找出A、B、C、D、E中适合图3的一幅。

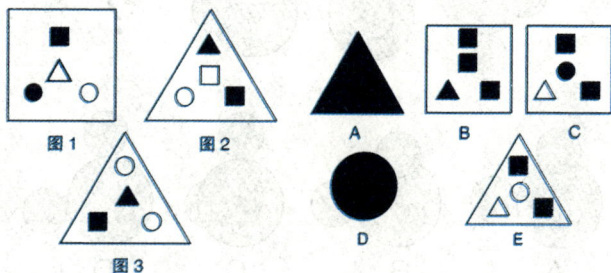

图1 图2 图3 A B C D E

图形过关游戏

第25关 图形规律

　　仔细观察下面方格图形的每一横排和每一竖排，寻找其中的规律，然后按照这一规律，从下列A、B、C、D、E、F图中找出合适的图形填入下面图形中的空白方格。请问应该选择哪一个图形？

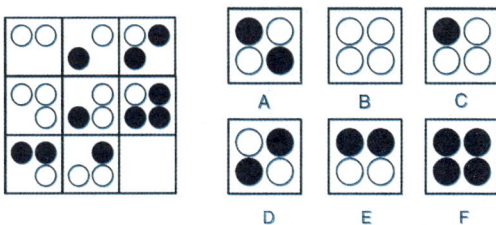

图形过关游戏

第26关 最大面积

　　图中的六个图形，哪个阴影面积最大？

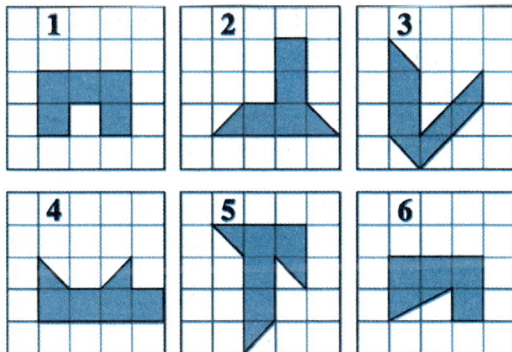

第 **27** 关 数三角形

下图中，一共有多少个三角形呢？

第 **28** 关 穿过花心的圆

请看下面的图，有一个圆刚好通过一个黑色花瓣、一个灰色花瓣和一个白色花瓣的中心。请问，依据这样的条件可以画出多少个圆？

第1关 按规律填图

B。

观察已知图形，得出规律为每次逆时针增加1/4图形的阴影面积。起始为右下处。

第2关 按规律填图

B。

观察已知图形，得出规律为每次顺时针减少1/4图形的阴影面积。终止为左上处。

第3关 哪个不一样

D。

A、B、C中图形都有重叠部分，只有D中图形没有重叠。

第4关 找规律

B。

变化顺序为三角形—半圆形—三角形，所以，答案排除A和D。

两种图形分别变化，每次比前一次消失一部分。故选B。

第5关 下一个图形

C。

这是道要求按自然数列排列题干中各图形短线"出头"数目的题。经简单计算可知，现有的五个图形短线出头数目依次是3、5、1、2、0，缺少4。故只有C选项符合要求。

第 6 关 找图形

1.14 个。（1、2、3、4、5、6、7、8、2+7、4+7、3+8、5+8、1+4+5+7+8+9+10+11+12、2+3+6+7+8+9+10+11+12）

2.7 个。（9、10、11、12、10+11、9+10+11、9+10+11+12）

3.2 个。（分别由 1、6、9、10、11、12 和 7、8、9、10、11、12 组成。）

第 7 关 下一个图形

A。

前四个图形中的黑色方块依次顺时针移动二、三、四格得到下一个图形。依此规律，所求图形应由第四个图形顺时针移动五格。故选 A。

第8关 图形接龙

C。

每组中前两个图形是直线图形，第三个是曲线图形。

第9关 填入符号

应该填入△。

其排列规律是从中心向外，按照○、△、× 的次序逆时针旋转着填充。

第10关 与众不同的一个

C。

其他三个图形中，中间的大图形可以由两部分小图形拼合而成。

第 11 关 图形接龙

C。

观察图形，每个图形中都有两部分阴影，并且这两部分的面积相等。答案中，只有 C 符合这一特征。

第 12 关 找出同类图形

A。

原图由一个三角形和一个四边形组成。四个选项中只有 A 项能还原成原图形。

第 13 关 选出下一个图形

B。

所给图形中，长线段依次呈顺时针 90°旋转，短线段依次呈顺时针 45°旋转，满足条件的只有 B。

第 14 关　填补空白

D。

观察题目得出规律，图形中，每行每列先增加一条线，保持不变一次，然后再增加另外一条线。D选项符合。

第 15 关　黑白格

B。

原理是"异黑同白"。

第 16 关　黑白格

B。

原理是"异黑同白"。

第 17 关 黑白格

C。

原理是"异黑同白"。

第 18 关 黑白格

A。

原理是"异黑同白"。

第 19 关 相反的一面

A图与给定的图左右相反。

注意看题目，并不是每个三角形左右相反。

第 20 关 三色连线

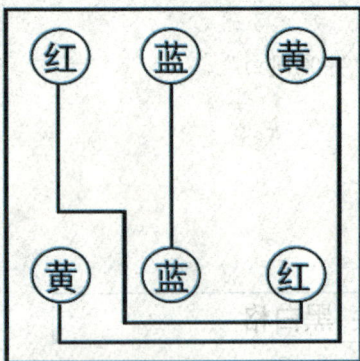

第 21 关 看图片找规律

三条。

翻转第一条、第三条和第六条。

第 22 关 图形变化

D。

规律是：左边的小圆逐渐右移，底端的小圆逐渐上移。

第 23 关 右下角是什么图

C。

它的规律是，每一横排中央的图形去掉它左边的图形，就变成它右边的图形。

第 24 关 图形匹配

A。

中间图形变成了外部图形。

第 25 关　图形规律

A。

　　每一横行的第三格是前两格的叠加。叠加规则是：一个白圈或一个黑圈保留不变；两格黑圈叠加变白圈；两个白圈叠加变黑圈。

第 26 关　最大面积

　　图 5 的阴影面积大。

　　其余的面积相等，都占五个格的面积，而图 5 中的阴影占 5.5 个格的面积。

第 27 关 数三角形

28 个三角形。

第 28 关 穿过花心的圆

8 个。

从图中可知，没有三个花瓣在一条直线上，所以，任意选取一个黑花瓣、一个灰花瓣和一个白花瓣，其三个中心可以构成一个三角形，必然可以画出一个圆经过三角形的三个顶点，所以，总共可以有 $2×2×2＝8$（个）圆。

第**1**关　最后一个字母

英语字母表的第一个字母是 A，那么最后一个字母是什么？

第**2**关　怎么猜到的

一位队长带着七个队员玩游戏。他让六个队员围坐成一圈，让另一名队员坐在中央。他拿出七块头巾，其中四块是红色，三块是黑色。然后蒙住七个人的眼睛，把头巾包在每一个队员的头上。然后解开周围六个人的眼罩，由于中央的队员的阻挡，每个人只能看到五个人头上头巾的颜色。这时，队长说："你们现在猜一猜自己头上头巾的颜色。"大家思索了好一会儿，最后，坐在中央的被蒙住双眼的队员说："我猜到了。"

问：被蒙住双眼坐在中央的队员头上是什么颜色的头巾？他是如何猜到的？

第3关 彩色袜子

创意过关游戏

在衣柜抽屉中杂乱无章地放着 10 只红色的袜子和 10 只蓝色的袜子。这 20 只袜子除颜色不同外，其他都一样。现在房间里一片漆黑，你想从抽屉中取出两只颜色相同的袜子。最少要从抽屉中取出几只袜子才能保证其中有两只配成颜色相同的一双？

第4关 隧道里的火车

创意过关游戏

两条火车隧道除了隧道内的一段外都是盘旋铺设的。由于隧道的宽度不足以铺设双轨，因此，在隧道内只能铺设单轨。

一天下午，一列火车从某一方向驶入隧道，另一列火车从相反的方向驶入隧道。两列火车都以最高速度行驶，但它们并未相撞，这是为什么？

创意过关游戏

第 5 关　现在几点

　　有一天，小白的表停了，就问小黑现在的具体时间。结果小黑为了捉弄小白就给他出了一道难题。小黑是这样说的："如果再过 1999 小时 2000 分钟 2001 秒，我的手表正好是 12 点。你算算现在的具体时间吧。"小白当时一听就蒙了。你知道小黑说的是几点吗？

创意过关游戏

第 6 关　谁偷吃了

　　苏珊女士买了一些水果准备去看望一个朋友，谁知，这些水果被她的儿子们偷吃了，但她不知道是哪个儿子吃的，为此，苏珊女士非常生气，就盘问四个儿子谁偷吃了水果。老大说："是老二吃的。"老二说："是老四偷吃的。"老三说："反正我没有偷吃。"老四说："老二在说谎。"这四个儿子中只有一个人说了实话，其他的三个都在撒谎。那么，到底是谁偷吃了这些水果？

第**7**关 买布

有个人到一家新开张的布店里要买两匹布，挑好之后问价钱。

店主说："开张大吉，今天只收半价。"于是，这个人说："既然是半价，那我买你两匹布，再把一匹布折合一半的价钱还给你。咱们就两清了。"

问：这个人的说法成立吗？

第**8**关 记错的血型

甲、乙、丙、丁四人的血型分别是 A 型、B 型、O 型、AB 型四种血型中的一种，而且各不相同。

甲说："我是 A 型。"

乙说："我是 O 型。"

丙说："我是 AB 型。"

丁说："我不是 AB 型。"

其中有三个人说的是对的，只有一个人把自己的血型记错了。你能推理出究竟是谁记错了吗？

第9关 谁当上了记者

A 报社决定在 B 单位招聘一名业余记者，B 单位推荐赵、钱、孙、李、周、吴六人应试。究竟谁能被录用，甲、乙、丙、丁四位领导各自有了自己的判断。

甲："赵、钱有希望。"

乙："赵、孙有希望。"

丙："周、吴有希望。"

丁："赵不可能。"

而结果证明：只有一个人的判断是对的。请问，谁当上了业余记者？

第10关 她能离婚吗

美国艺术界的离婚率高得出奇。一名女画家对一名律师说："我们夫妻俩对每件事的意见都有分歧，一年到头吵个不停。我想离婚，行不行？"律师考虑了一下，回答说："那是不可能的。"你知道律师这样回答的根据是什么吗？

第11关 网球对抗赛

有一个公司开展网球对抗赛，比赛形式是双打。人员可以同性搭配，也可以是男女混合搭配。如果队员出现单数，允许重复上场。设计部经理的手下男性比女性少四人，如果全员参加比赛，会出现重复上场的情况吗？

第12关 问的学问

国王把一个外乡人和两个奴隶关在同一间房子里，并对外乡人说："这间房子有两扇门，从一扇门出去可以获得自由，从另一扇门出去只能沦为奴隶。这两个奴隶，一个从来不说谎话，另一个从来不说真话。"

说完，国王转身就走了。这间房子里只有两个奴隶知道门的秘密。按照国王的规定，这个外乡人只能向其中一个奴隶询问，只能提一个问题，而且他不知道两个奴隶中哪一个是说真话的。你知道这个外乡人用什么方法才能使自己重新获得自由吗？

第13关 "百担榆柴"

师父让他的两个徒弟第二天每人拾回"百担榆柴"。

第二天，大徒弟一大早就扛起扁担，拿着斧头上山去了。二徒弟却从从容容地吃了早饭，背了些书，在山上找了个僻静地方读起来。大徒弟想：我身强力壮，师弟一定不是我的对手。他拼命劳作，到天黑才砍了99担榆柴。二徒弟直到天色晚了，才收拾起书，砍了一根粗柏树枝做扁担，又砍了两捆榆枝，挑着下山了。可师父却夸奖了只砍了一担柴的二徒弟，这是为什么？

第14关 两人过河

有两个人想过同一条河，但河上没有桥，只在河边发现了一条一次仅能载一个人的小船。两人打了一声招呼后就高兴地过河了。

请问他们是怎样过河的？

创意过关游戏

第**15**关 分苹果

幼儿园招考教师时，有这么一道考题："幼儿园有五个苹果，可小朋友却有六个。这苹果怎么分？"有个考生回答说："把每个苹果都切成六份，每个小朋友分五份就行了。"主考官说："这道题还有个要求，不能把苹果切成三份以上，所以你未答对。但允许你再考虑一分钟。"考生沉思了片刻，终于答对了。

你知道第二次考生是怎么分的吗？

创意过关游戏

第**16**关 并排在起跑线上

赛马场的跑马道 600 米长，现有甲、乙、丙三匹马，甲马一分钟跑二圈，乙马一分钟跑三圈，丙马一分钟跑四圈。

如果这三匹马并排在起跑线上，同时往一个方向跑。经过几分钟后，这三匹马自出发后第一次并排在起跑线上？

创意过关游戏

第17关 地毯的长度

有一个人，想装修刚刚建成的房子，但是他必须在装修之前购买好装修必备的材料。

在所有的材料都购买齐全之后，他突然想到应该在一楼与二楼之间的楼梯上铺一条地毯，但是现在楼梯尚未安装，阶梯的数量、高度和宽度，他还不知道。在这样的情况下，请问，他能把所需要的地毯的长度和宽度计算出来吗？

创意过关游戏

第18关 不翼而飞的100元

一天，三位好友一起到外地旅游，晚上住在当地的一家旅馆里。三个人各拿出1000元付住宿费。后来老板知道他们三个人是自己的同乡，就只收了2500元的住宿费，于是叫服务生把500元拿去退给他们。但服务生一时起贪念，从中拿走了200元，只退给三个人300元，每个人得100元。但是，1000-100=900，表示每个人实际上只出了900元。然而，900×3=2700，表示三个人凑了2700元的房租。但是，2700+200=2900（元）。请问，还有100元到哪里去了？

第19关 卡片组数

在桌子上并排放有三张数字卡片组成三位数字216。如果把这三张卡片变换一下，则组成了另一个三位数，这个三位数恰好能用43除尽。这是什么数，怎样变换呢？

第20关 没法分的马

从前，有一个老汉，临终前对三个儿子说："咱们家有17匹马，我死后，老大分1/2，老二分1/3，老三分1/9，但都必须分得活马。"老汉去世了，兄弟三人安葬了父亲，来到马圈，按老人的遗嘱分马，可是怎么分也分不开，兄弟三个谁也没有办法。

正在这时，一个邻居骑马路过这里，看到他们愁眉苦脸的样子，便上前问道："兄弟仨这般发愁，为了何事？"三兄弟把父亲的临终嘱咐和分马的难处告诉了他。这个邻居略一沉思，就想出了一个分马的好办法。

邻居的办法果然很好，三兄弟按老人的嘱咐分得了各自应得的马。你知道邻居是用什么办法把马分开的？

创意过关游戏

第21关 寻找戒指

当你把九个外形完全相同、重量完全相等的包裹都封好口后，发现你的一只戒指掉在其中一只包裹里了。而你不想把所有的包裹都打开。只称两次，你能确定戒指在哪只包裹里吗？

创意过关游戏

第22关 点连线

如图所示，有九个圆点。

你能用四条直线一笔将这九个圆点连接起来吗？

第**23**关 找袜子

有两位盲人，他们都各自买了两对黑袜和两对白袜，八对袜子的布质、大小完全相同，而每对袜子都由一张商标纸连着。两位盲人不小心将八对袜子混在一起，他们能取回黑袜和白袜各两对吗？

第**24**关 分蛋糕

蛋糕房里的店员一天收到了一份奇怪的订货单：做九块蛋糕，装在四个盒子里，每个盒子里至少要装三块蛋糕。这可难倒了店员，但最终他还是给了顾客满意的答复。你知道他是怎么做的吗？

第 **25** 关 称米

一个袋子里装有 9 千克的米。现在有一个天平和 50 克与 200 克的两个砝码,只称三次,把米分成两份,其中一份 2 千克,另一份 7 千克,并分别装在两个袋子里。请问,应该怎样做?

第 **26** 关 壶中酒

有首诗这样描绘被称为"诗仙""酒仙"的李白一次饮酒赏花的情景。

李白无事街上走,提壶去买酒。

遇店加一倍,见花喝一斗。

三遇店与花,喝光壶中酒。

试问,壶中原有多少酒?

怎样用一种简便的方法计算出原来壶中有多少酒?

第27关 炸弹按钮

警察局技术科的考官在起爆器上设了四个按钮，按钮旁分别放着小刀、小圆镜、梳子和面霜。然后请考生根据这四件东西的含意去选定按钮，一次起爆成功。有一个聪明的考生仔细观察了一番，起爆成功了，你能猜出他按的是哪个按钮吗？

第28关 奇特的经历

某人有过这样一次经历：他乘坐的船驶到海上后就慢慢地沉下去了，但是，船上的所有乘客都很镇静，既没有人去穿救生衣，也没有人跳海出逃，却眼睁睁地看着这条船全部沉没。这是为什么？

第1关 最后一个字母

T。

你可能脱口而出是"Z"，可是难道你不觉得这样答太容易了吗？Z是26个字母中的最后一个，题中问的是英语字母表的最后一个字母。正确答案应该是T。因为alphabet（字母表）的第一个字母是A，最后一个字母是T。

第2关 怎么猜到的

红色。

周围的六个人只能看到五个人头上的头巾颜色，由于中间那个队员的阻挡，每个队员都无法看到与自己正对面的人的头巾颜色。他们无法判断自己头巾的颜色，证明他们所看到头巾的颜色是三红两黑。剩下一黑一红是他们和自己正对着的人的头巾颜色，这就说明处于正对面的两个人都包着颜色相反的头巾，那么中间的人就只能包红色头巾。

第3关 彩色袜子

最少取出三只。

题目中并没有限定是一双红色袜子，它只要求取出两只颜色相同从而能配对的袜子。如果取出的头两只袜子不能配对，那么第三只肯定能与头两只袜子中的一只配对。因此正确的答案是最少取出三只袜子。

第4关 隧道里的火车

不用担心，两列火车是在下午的不同时间驶入隧道的。

答案

第5关 现在几点

7 点 6 分 39 秒。

换算一下，1999 小时 2000 分钟 2001 秒就是 2032 小时 53 分 21 秒，除去中间是 12 的倍数的 2028 小时，剩下的时间是 4 小时 53 分 21 秒。就是再过 4 小时 53 分 21 秒是 12 点。所以，现在就是 7 点 6 分 39 秒。

第6关 谁偷吃了

老三偷吃了水果。

用假设法分别假设老大、老二、老三、老四都说了实话，看是否与题意矛盾，就可以得出答案。只有老四说了实话。

第7关 买布

不成立。

"两匹布的半价等于一匹布"是个诡辩。

第8关 记错的血型

甲或乙把血型记错了。

1. 假如甲记错，那么甲不是 A 型，而乙是 O 型，丙是 AB 型，因此甲必为 B 型，丁必为 A 型。

2. 假如乙记错，这种情况实质上与 1 相同。

3. 假如丙记错，那么丙不是 AB 型，而甲是 A 型，乙是 O 型，于是丙是 B 型，丁是 AB 型。这与丁说的话不符，这也是不可能的。

4. 假如丁记错了，那么丁是 AB 型，于是丙不是 AB 型，这与丙说的话不符，这也是不可能的。

由上可知，四个人中要不是甲记错，就是乙记错，所以只可能是上述两种情况中的一种。

第9关 谁当上了记者

李当上了记者。

推理这道题的关键是"只有一个人的判断是对的"。甲、乙都说"赵有希望",则赵被排除了,丁说"赵不可能",所以,只有丁的判断是对的。也就意味着其他五个人都可能,那么根据题意,钱被排除了(甲说钱有希望),孙被排除了(乙说孙有希望),周、吴也被排除了(丙说他们有希望)。所以,只有李当上了记者。

第10关 她能离婚吗

不能。

因为这对夫妇对每件事的意见都有分歧,那么妻子想离婚,丈夫不想离;而丈夫想离婚,妻子又不想离。总之,两人难以在离婚问题上达成共识。

第 11 关 网球对抗赛

会。

如果男女差四人，那么设计部经理的部下或者男女人数都是偶数，或者男女人数都是奇数。总之，人数和是偶数。包括经理本人在内，设计部的人数是奇数。因此，必有一个人要出场两次。

第 12 关 问的学问

外乡人只要对任何一个奴隶问："如果我要求你的伙伴指出那扇通向自由的门，那么他会指向哪扇门呢？"这样不管对方是说真话，还是说谎话，都会指出那扇可以使他沦为奴隶的门。据此，他就可以断定，另一扇门必定是通向自由的。

第13关 "百担榆柴"

原来师父想考考两人的才智。他说的是"柏担榆柴"，而不是"百担榆柴"。"百"与"柏"同音，大徒弟脑筋没有转过弯来。

第14关 两人过河

两个人分别在河的两岸，一个人乘船到对岸后再交给另一个人，对岸的人就可以乘船过河了。

第15关 分苹果

三个苹果每个分成两份，两个苹果每个分成三份，每个小朋友各得其中一份。

第16关 并排在起跑线上

一分钟。

直接抓住本质，每分钟都会排在起跑线上，不需要另外计算。

第17关 地毯的长度

其实，我们只需要把要与楼梯构成直角三角形的地面长度和墙壁的高度测量出来就可以了，这两者就是所需地毯的长度和宽度。

因为每个台阶的高度之和就等于墙壁的高度，台阶的宽度之和就等于地面的长度，所以说只需知道这两者就可以了。

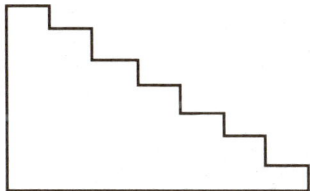

第 18 关 不翼而飞的 100 元

每个人确实只出了 900 元，所以 900×3=2700，也就是实际上进出的只有 2700 元，而不是 3000 元。

2700 元中，老板收了 2500 元，服务生拿走了 200 元，所以正确的算法应该是 2500+200=2700，不多不少。题目中的 2700+200 根本是子虚乌有，是偷换命题的错误算法。

第 19 关 卡片组数

恰好用 43 除尽的三位数有 129、172、215……与"216"比较怎样变动可以满足要求。可将"216"中"21"左右交换为"12"，再把"6"的那张卡片上下倒置变为"9"即可变为"129"被 43 所除尽。

第20关 没法分的马

邻居把自己的一匹马也加在一起分，那么老大得了九匹，老二得了六匹，老三得了两匹。正好剩下一匹，这一匹就是邻居的。

第21关 寻找戒指

先把包裹分成三个一组，取其中两组称。如果秤上有一组比较重，那么戒指在这三个包裹的一个里面；如果秤上两组一样重，那么戒指在另外三个包裹的一个里面。然后，在比较重的那组中的三个包裹里取两个摆到秤上称，如果有一个比较重，那么戒指就在这个包裹里；如果两个一样重，那么戒指就在不在秤上的那个包裹里。

第 22 关 九点连线

最标准的答案：

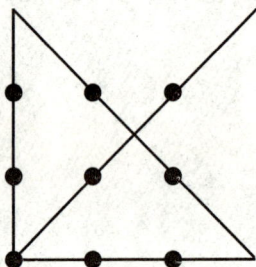

第 23 关 找袜子

可以。

袜子不分左右，所以将袜子拆开，每双袜子各拿一只，这样他们就能取回两对黑袜和两对白袜。

第 24 关　分蛋糕

先将九块蛋糕分装在三个盒子里，每个盒子放有三块蛋糕，再把这三个盒子一起放在一个大盒子里，再用带子扎好。

第 25 关　称米

第一次称：用天平将米平均分成两份，即每份 4.5 千克。第二次称：将称好的一份米在通过天平均分成两份，每份 2.25 千克。第三次称：将 200 克与 50 克的砝码叠加，然后从一份 2.25 千克的米中称出 0.25 千克，就能得到 2 千克的米，剩余的即为 7 千克。

第 26 关 壶中酒

用反向倒推的方法。壶中原有 7/8 斗酒。

第 27 关 炸弹按钮

按下梳子旁的按钮，因为寓意"一触即发"。

第 28 关 奇特的经历

他们坐在潜水艇里。

答
案

第1关 填数游戏

在图中填入数字，使之在横竖方向的计算表达式都是正确的。

	×		=	8
+		+		÷
	−		=	
=		=		=
9	−		=	

第2关 魔术方阵

图中的九个数字各不相同，纵、横、斜向相加的和均为15。现在要做一个和数为16的方阵，要求方阵中的九个数字也要完全不相同。

8	3	4
1	5	9
6	7	2

数字过关游戏

第3关 移动的数字

第一个盒子里的数字顺时针移动后，所处的位置如第二个盒子所示。那些缺少的数字应该在什么位置？

4	5	8
1		6
13	2	9

		1
5		8
	4	

数字过关游戏

第4关 方格填数

给出几个数字：三个2，三个3以及三个4。把它们分别填在下图的九个正方形中，使每一行、每一列的各数和相等。

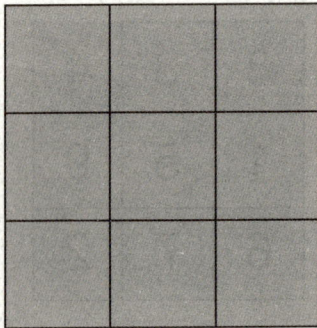

第5关 数字骨牌

将下面的数字骨牌拼成一个正方形，使得正方形中相对应的横向和竖向数字排列完全相同。最后拼成的正方形是什么样的呢？

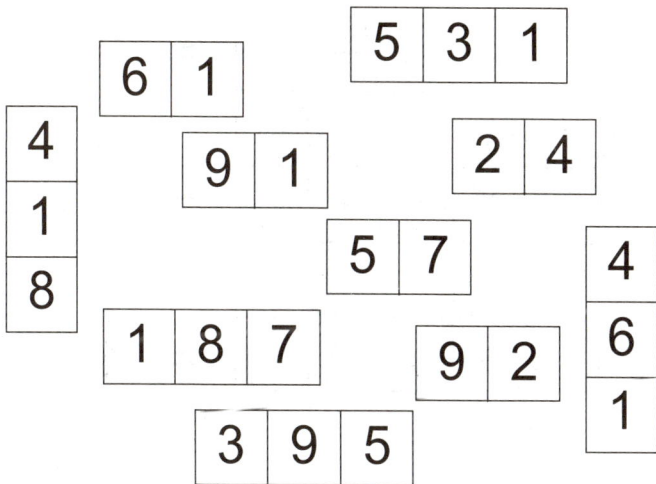

第6关 填充方格

每个空白方格中都包含 1 到 9 中不同的一个数字。每个算式是按照从上到下、从左到右的顺序计算的，而不是按照先乘除后加减的运算规则。你能把空白的方格填完整吗？

	$+$		$-$		$=$	3
$+$		$\times$		$-$		
	$\times$		$-$		$=$	4
$-$		$-$		$\times$		
	$+$		$-$		$=$	1
$=$		$=$		$=$		
4		9		9		

第7关 数字星

数字过关游戏

图中问号处应填入什么数字？

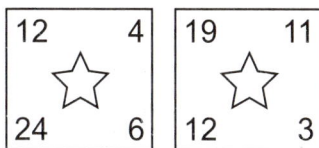

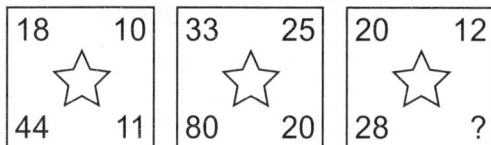

第8关 数字正方形

数字过关游戏

问号处应为什么数字？

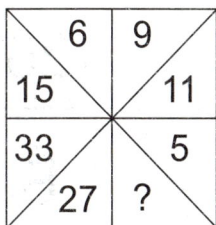

A

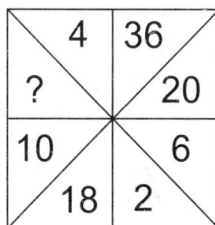

B

数字过关游戏 第9关 数字路口

问号处应为什么数字？

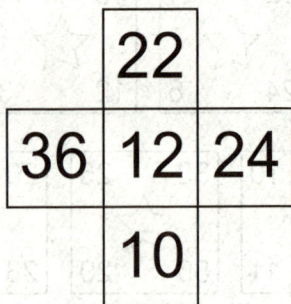

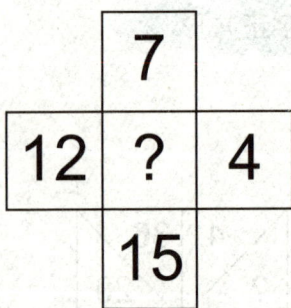

A

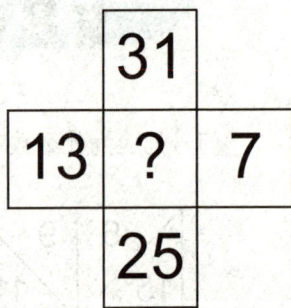

B

第10关 填充方格

将下面的数字及符号填入方格。

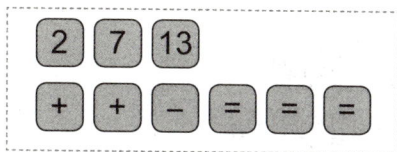

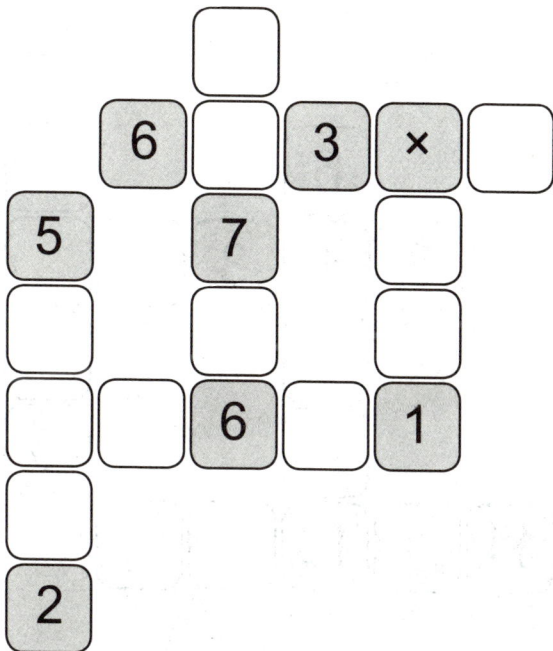

2	7	13
+	+	−	=	=	=

第 11 关 填充方格

将下面的数字及符号填入方格。

| 2 | 7 | 12 |
| + | - | = | = |

17

=

6

9 + 3

5

11 = 13

第12关 填充方格

将下面的数字及符号填入方格。

5	5	6	9	15
+	×	=	=	=

```
                          ┌────┐
                          │ 15 │
                          └────┘
                          ┌────┐
                          │    │
                          └────┘
              ┌────┐      ┌────┐
              │    │      │    │
              └────┘      └────┘
  ┌────┐  ┌────┐      ┌────┐  ┌────┐
  │ 12 │  │    │      │ 2  │  │    │
  └────┘  └────┘      └────┘  └────┘
              ┌────┐          ┌────┐
              │    │          │ 3  │
              └────┘          └────┘
              ┌────┐
              │ +  │
              └────┘
  ┌────┐  ┌────┐  ┌────┐      ┌────┐
  │    │  │    │  │ 10 │      │ 19 │
  └────┘  └────┘  └────┘      └────┘
```

第 **13** 关 填充方格

将下面的数字及符号填入方格。

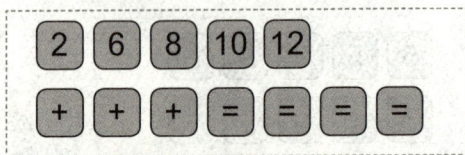

2	6	8	10	12
+	+	+	=	=	=	=

4

4

2　　4

+

18

第14关 数字纵横

问号处应为什么数字？

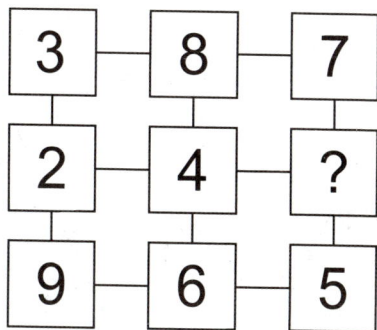

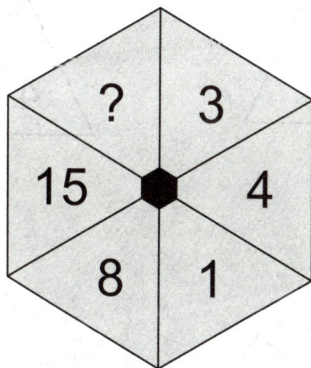

```
3 — 8 — 7
|   |   |
2 — 4 — ?
|   |   |
9 — 6 — 5
```

第15关 数字六边形

问号处应为什么数字？

第16关 数字三角形

问号处应为什么数字？

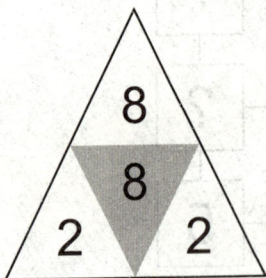

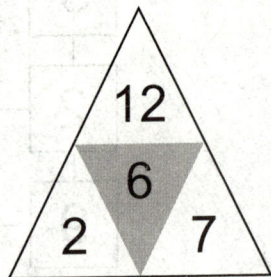

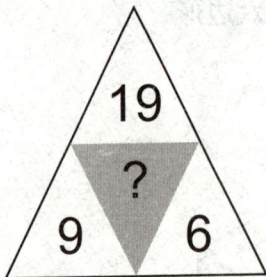

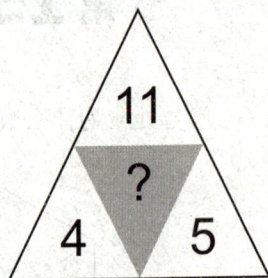

A

B

第 **17** 关 数字十字架

问号处应为什么数字？

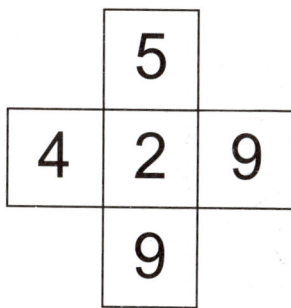

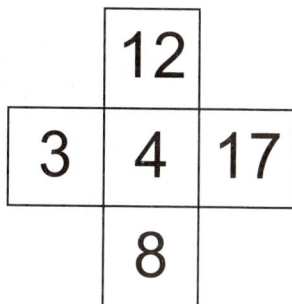

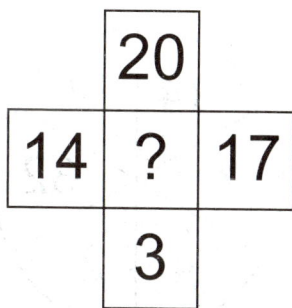

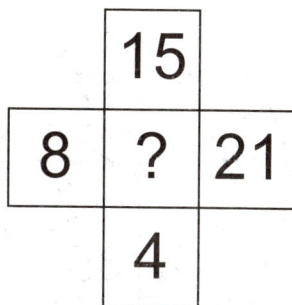

	5	
4	2	9
	9	

	12	
3	4	17
	8	

	20	
14	?	17
	3	

A

	15	
8	?	21
	4	

B

第18关 数字方向盘

问号处应为什么数字？

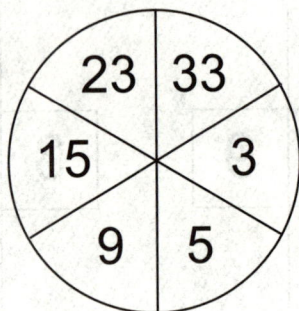

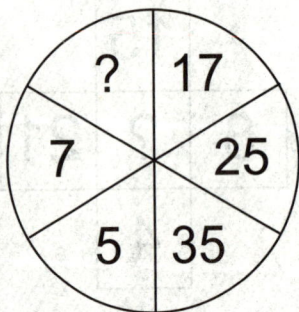

A

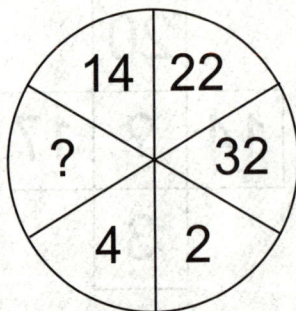

B

第**19**关 数字转盘

问号处应为什么数字？

A

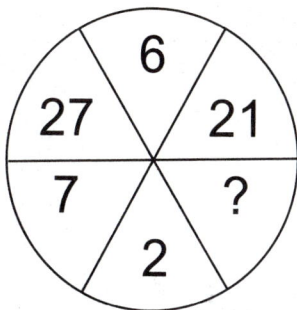

B

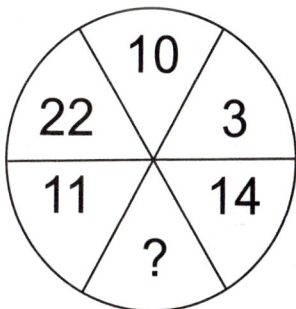

C

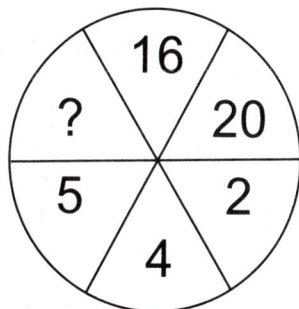

第20关 数字屋顶

你能求出屋顶上缺少的数字吗？门窗上的每个数字只准使用一次，并且位置不能调换。

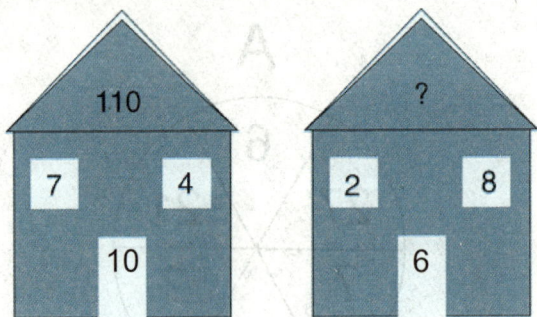

110

7　4

10

?

2　8

6

第21关 数字圆中方

问号处应为什么数字？

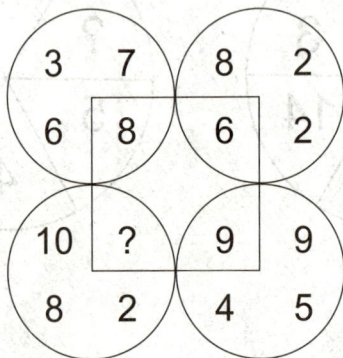

3　7
6　8

8　2
6　2

10　?
8　2

9　9
4　5

第22关 数字地砖

问号处应为什么数字？

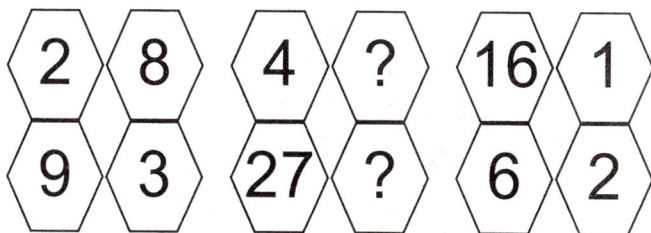

第23关 中心数字

下面每一组图形都有它自己的规律。先把规律找出来，再把空缺的数字填进去。

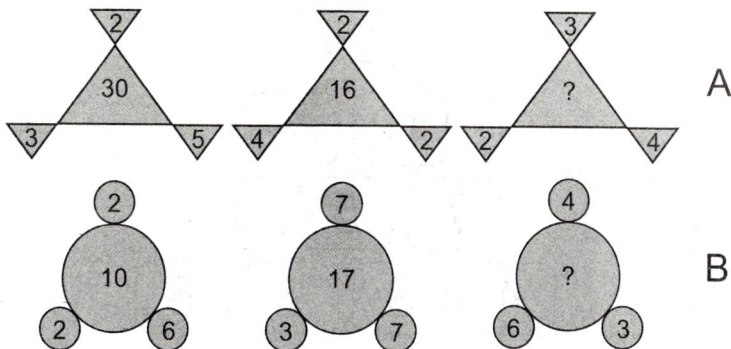

第**24**关 数字金字塔之巅

问号处应为什么数字？

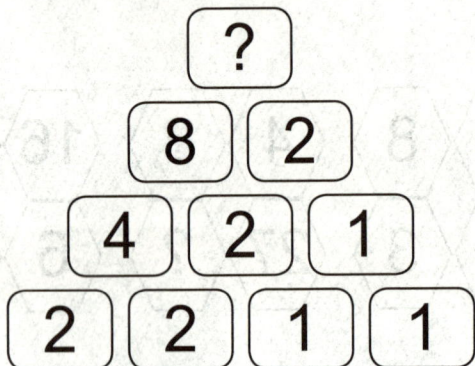

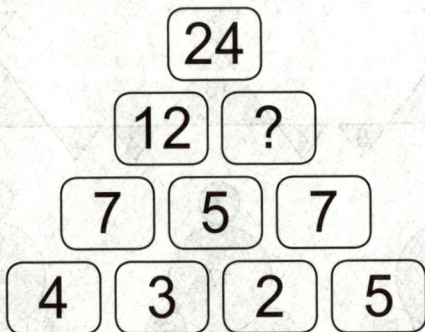

```
        ?
      8   2
    4   2   1
  2   2   1   1
```

第**25**关 数字金字塔

问号处应为什么数字？

```
       24
     12   ?
    7   5   7
  4   3   2   5
```

第26关 奇妙幻方

幻方是起源于我国的一种填数字游戏，而三阶幻方就是在 3×3 的方格内，填上 1～9 个数，使它的每行、每列和两条对角线上的三个数之和都相等。这可不是一件容易的事情，你能填出来吗？

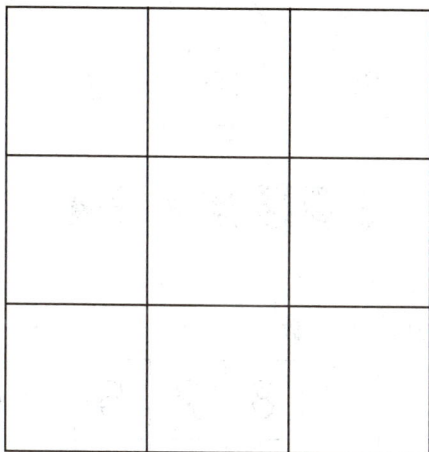

第27关 数字向心力

问号处应为什么数字？

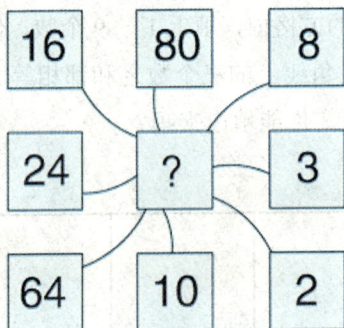

16	80	8
24	?	3
64	10	2

第28关 数码大厦

问号处应为什么数字？

4	8	2	6
9	6	5	3
6	2	4	2
10	15	5	5
3	3	6	?

第29关 数字七角星

你能将数字 1 至 14 填到下图的七角星圆圈中，使得每条直线上数字之和为 30 吗？

第30关 填空格

16 个格子，一格算术符号一格数。请你填上 1 至 8 的数字，使得横竖等式都成立。

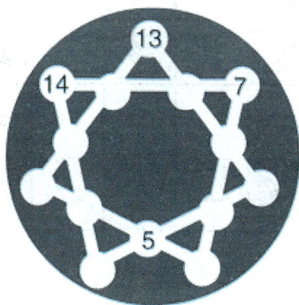

答
案

第1关 填数游戏

4	×	2	=	8
+		+		÷
5	−	3	=	2
=		=		=
9	−	5	=	4

第2关 魔术方阵

$8\frac{1}{3}$	$3\frac{1}{3}$	$4\frac{1}{3}$
$1\frac{1}{3}$	$5\frac{1}{3}$	$9\frac{1}{3}$
$6\frac{1}{3}$	$7\frac{1}{3}$	$2\frac{1}{3}$

第3关 移动的数字

规律是每个数字顺时针移动次数为本身数字+1次。如数字"1"，顺时针移动（1+1）次。

第4关 方格填数

答案

第 5 关 数字骨牌

4	6	1	9	2
6	5	3	1	4
1	3	9	5	1
9	1	5	7	8
2	4	1	8	7

第 6 关 填充方格

6	+	2	−	5	=	3
+		×		−		
1	×	8	−	4	=	4
−		−		×		
3	+	7	−	9	=	1
=		=		=		
4		9		9		

第 7 关 数字星

7。

每个图形中，第一行差值均为 8，第二行商值均为 4。

第 8 关 数字正方形

A=2 或 18，B=3 或 12。

A 中对角数字之商为 3，B 中对角数字之商为 2。

第 9 关 数字路口

A=8，B=6。

中间数字是其上、下（或左、右）数字之差。

答
案

第 10 关 填充方格

```
        13
   6  =  3  ×  2
   5     7
   =     +
   7  =  6  +  1
   −
   2
```

第 11 关 填充方格

```
              17
        6     =
   9  +  3  =  12
        7     +
        =     5
  11 =  13 −  2
```

答案

第 12 关 填充方格

```
                    15
                    =
          15        5
    12  =   2   ×   6
          5         3
          +
    9 + 10 = 19
```

第 13 关 填充方格

```
      6
      =
      4       12
      +       =
    2 + 2 = 4
              +
    18 = 10 + 8
```

第14关 数字纵横

2。

每一列第一个数字与第三个数字的和的个位数字，等于第二个数字：3+9=12，个位为2；8+6=14，个位为4；7+5=12，个位为2。

第15关 数字六边形

0。

垂线右侧的数的平方减1，是对应的左侧对角处数字。

第16关 数字三角形

A=8，B=4。

图例显示的规律为：(8-2-2)×2=8；(12-2-7)×2=6。

第 17 关 数字十字架

A=17，B=11。

左、右、上三个数字之和÷下面数字＝中间的数字。

第 18 关 数字方向盘

A=11，B=8。

从最小的一个数开始，按顺时针方向，依次递增 2、4、6、8、10。

第 19 关 数字转盘

A=9，B=2，C=8。

图形 A 中对角的数字相除等于 3，图形 B 中对角的数字相减等于 8，图形 C 中对角的数字相除等于 4。

第 20 关 数字屋顶

60。

屋顶上的数字＝窗户上的数字之和×门上的数字。

第 21 关 数字圆中方

10。

每个圆内的三个数字（方框外）之和，为同圆内方框内数字的 2 倍。

第 22 关 数字地砖

4 和 9。

每组上面两个数相乘均等于 16，下面两个数相除均等于 3。

第23关 中心数字

A=24，B=13。

在 A 组图形中，外边三角形中的三个数相乘，就得到中间三角形中的数字。在 B 组图形中，小圆圈中的三个数相加，就得到大圆圈的数。

第24关 数字金字塔之巅

16。

从最下面一行看起，底下的两个数的积为上面的数，以此类推。

第25关 数字金字塔

12。

以最下面一行数字为例：4+3=7；3+2=5；2+5=7。

第 26 关 奇妙幻方

其中一种填法是：

6	1	8
7	5	3
2	9	4

第 27 关 数字向心力

8。

对角线两侧的数相除，得中间数。

第 28 关 数码大厦

1。

前两个数之和 ÷ 第三个数 = 第四个数。

第 29 关 数字七角星

第 30 关 填空格

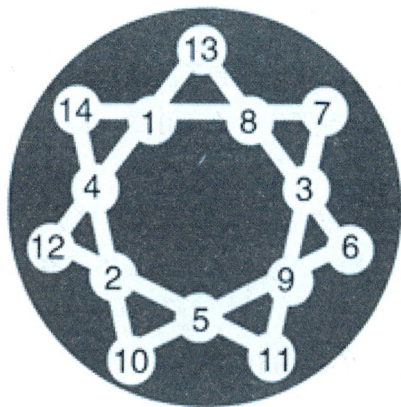

答

案

逻辑过关游戏

第1关 谁是推销员

一次聚会上，麦吉遇到了汤姆、卡尔和乔治三个人。他想知道他们分别是干什么工作的，但三个人只提供了以下信息：

三个人中一位是律师，一位是推销员，一位是医生；乔治比医生年龄大，汤姆和推销员不同岁，推销员比卡尔年龄小。

你知道谁是推销员吗？

逻辑过关游戏

第2关 谁是王牌

在一盘纸牌游戏中，某个人的手中有这样的一副牌：

(1) 正好有 13 张牌；

(2) 每种花色至少有一张；

(3) 每种花色的张数不同；

(4) 红心和方块总共五张；

(5) 红心和黑桃总共六张；

(6) 属于"王牌"花色的有两张。

红心、黑桃、方块和梅花这四种花色，哪一种是"王牌"花色？

第**3**关 男孩的妙计

男孩喜欢上了一个女孩子，想要追求对方却一直苦于没有机会。这天，男孩想要有所突破，打算请女孩子去吃饭，但如何让女孩不拒绝他的邀请又让男孩犯了难。最后，他想出了一条对策。他对那个女孩说："我有两个问题想要问你，你只能回答'是'或是'不'。还有，这两个回答在逻辑上必须完全合理，不能自相矛盾。"那个女孩觉得挺好玩，就一口答应了。你知道男孩问的是哪两个问题吗？

第**4**关 这里的水可以喝吗

一个部落里有一部分人说实话；另一部分人说假话。天气晴朗的　天，一位旅行家到了这个部落后觉得非常口渴，走着走着发现前面有一个水桶，于是他想问问一位路过的村民这桶水可不可以喝。这位旅行家跟村民说："今天的天气真好啊！"

"是的。"村民答道。

"这水可以喝吗？"旅行家问。

"是的。"村民又答道。

旅行家马上知道这水可不可以喝。你认为这桶水可以喝吗？

第5关 装珠宝的箱子

一位盗墓者在一个山洞里发现了两个箱子和一封信。信上说："这两个箱子其中一个装满了珠宝，另一个装有机关。如果你足够聪明，按照箱子上的提示就能找到打开的方法。"这时，盗墓者看到两个箱子上都有一张纸条，第一个箱子上写着："另一个箱子上的纸条是真的，珠宝在这个箱子里。"第二个箱子上写着："另一个箱子上的话是假的，珠宝在另一个箱子里。"那么，他应该打开哪个箱子才能不中机关顺利得到珠宝呢？

第6关 仓库失火

某仓库失火，有四个嫌疑犯被传讯。他们的供述如下所示。

甲说："我们四个人都没有作案。"

乙说："我们四个人中有人作案。"

丙说："乙和丁至少有一人没有作案。"

丁说："我没有作案。"

如果这四个人中，有两个说的是真话，有两人说的是假话，你能推断出哪两人说的是真话，哪两人说的是假话吗？

第**7**关 聪明人

从前有个人进山采药。刚进山口突然被三个强盗拦住，他们拿着一块牌子，上面写着："我们三个人有一个人专说谎话，一个人专说真话，还有一个一半说谎话一半说真话。过路人只能问一个内容一样的问题。我们回答只用'是'或'不'。如果你能分清我们三个人各是什么人，就放你过去，否则就杀了你！"这个人想了想，巧妙提了个问题，就顺利通过了。

你知道这个人问的是什么问题吗？

第**8**关 谁领头

警察在车厢里发现一伙人在赌博，他们是张三、李四、王五、阿七。在审问他们谁领头时，他们的回答各不相同。

张三：头儿是王五。

李四：我不是头儿。

王五：李四是头儿。

阿七：张三是头儿。

经过了解，这一伙人中只有一个人说的是实话，其他三个人说的都是假话。

你知道他们中领头的是谁吗？

第9关 女明星的年龄

四个人在议论一位女明星的年龄。

甲说："她不会超过 25 岁。"

乙说："她不超过 30 岁。"

丙说："她绝对在 35 岁以上。"

丁说："她的岁数在 40 岁以下。"

实际上四个人中只有一个人说对了。你知道哪个人说对了吗？

第10关 天气预报

大王这几天要出差，便问同事小张这几天的天气情况怎么样。结果小张没有直接把天气预报的情况告诉他，而是给他出了一个难题，让大王自己推算天气。

小张说："我将前天的天气预报改了一下，如果你能听得明白，我可以将后天的天气情况如实相告。今天的天气与昨天的天气不同。如果明天的天气与昨天的天气一样的话，则后天的天气将和前天的一样。但如果明天的天气与今天的天气一样的话，则后天的天气与昨天的相同。"

小张的天气预报果然很准，因为今天和前天都下了雨。那么昨天的天气如何呢？

第11关 说谎的日子

张三和李四是两个奇怪的人。张三在星期一、星期三、星期五说谎，李四在星期二、星期四、星期六说谎。其余的日子两人都说实话。

有一天，有一个人分别向他们二人提出关于日期的问题。两人都说："前天是我说谎的日子。"

那么，这天是星期几？

第12关 谁是班长

一年级有四个班，每个班都有正、副班长各一名，这八名班长没有两人是同姓的。平时召开年级班长会议时，各班都只派一名班长参加。参加第一次会议的是A、B、C、D；第二次参加会议的是B、D、E、F；第三次参加会议的是A、B、E、G。三次会议H都因病没有参加。请问，每个班各是哪两位班长？

第 **13** 关 医务人员

医院的医务人员包括我在内，一共有 16 名医生和护士。而下面讲到的人员情况，无论是否把我计算在内，都不会有任何的变化。在这些医务人员中：

(1) 护士多于医生；

(2) 男医生多于男护士；

(3) 男护士多于女护士；

(4) 至少有一位女医生。

根据以上表述，你能断定出说这段话的人是什么性别和职务吗？

第 **14** 关 谁偷表

四个小偷每个人各偷了一种东西，现正在接受警方的盘问。甲说："每个人只偷了一块表。"

乙说："我只偷了一颗钻石。"

丙说："我没偷表。"

丁说："有些人没偷表。"

经过警察的进一步调查取证，发现这次审问中只有一个人说了真话。你知道谁偷了表吗？

第15关 谁是凶手

警官大黑和小白终于找到了抢劫银行的歹徒藏匿的地方。两人试图潜入歹徒躲藏的房间。突然，大门开启，跑出四名歹徒对着大黑和小白开枪。大黑被子弹击中，不幸身亡。歹徒却逃走了。

经过调查，这四个歹徒的名字是甲、乙、丙和丁。而从大黑身上取出的子弹经检查都是从一把手枪中射出的，所以凶手是一个人。警察还调查到：

1. 四个人中，有一人是这群歹徒的首领；

2. 丙一直在巴结首领，但首领却不大信任他；

3. 乙、丁和首领的妻子，三个人是手足关系；

4. 射杀大黑的凶手和首领是好友，他俩曾在同一牢狱中服刑；

5. 抢劫银行时，丁和枪杀大黑的凶手比其他人出力更多，所以两个人都多拿了2万美元。

根据这些线索，你知道是谁射杀了大黑吗？

第16关 谁是外来人

一个部落分为诚实人和说谎者两部分，诚实人只讲真话，说谎者只讲假话。后来，这个部落里迁来一批外来人，这些外来人有时讲真话，有时讲假话，也就是说，他们讲的每一句话要么是真的，要么是假的。

如果有一天你来到这里，看到甲、乙、丙三个人，其中一个是诚实人，一个是说谎者，另一个是外来人，他们三个人各说一句话：

甲说："我是外来居民。"

乙说："甲说的没错。"

丙说："我不是外来人。"

你能从这三句话里判断出他们各自的身份吗？

第17关 星期几

如果今天是星期四，那么，42天以后是星期几？

第18关 星期几

如果今天是星期一，那么，19天以后是星期几？

第19关 星期几

如果今天是星期日，那么，51天以后是星期几？

第20关 过了多久

经过了多少时间？

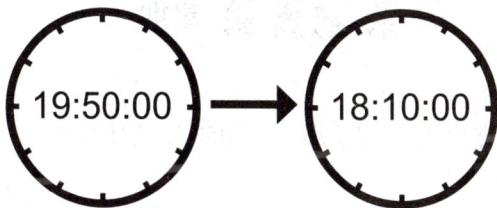

19:50:00 ➡ 18:10:00

第**21**关 过了多久

经过了多少时间？

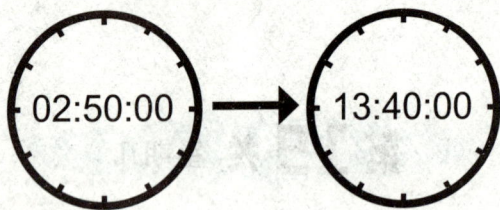

第**22**关 什么年

2018 年是狗年，那么，2034 年是什么年？

第**23**关 星期几

2015 年是羊年，那么，2050 年是什么年？

第**24**关 珠宝失窃

一家珠宝店的珠宝被盗，经查，可以肯定是甲、乙、丙、丁四个人中的某一个人所为。

审讯时，甲说："我不是犯罪嫌疑人。"

乙说："丁是犯罪嫌疑人。"

丙说："乙是犯罪嫌疑人。"

丁说："我不是犯罪嫌疑人。"

经调查证实，四个人中只有一个人说的是真话。根据已知条件，你能推出谁是犯罪嫌疑人吗？

第**25**关 谁是嫌疑人

甲、乙、丙、丁四人涉嫌某案被传讯。

甲说：作案者是乙。

乙说：作案者是甲。

丙说：作案者不是我。

丁说：作案者在我们四个人中。

如果四个人中只有一个说真话，你能推出谁可能是作案者吗？

第 26 关 捐款的人

有两位失学儿童各收到一笔助学捐款。经多方查证，断定是甲、乙、丙、丁四个人中某两个人捐的款。

甲说：不是我捐的。

乙说：是丁捐的。

丙说：是乙捐的。

丁说：我肯定没有捐。

最后经过确实，这四个人中只有两个人说的话是真的。

根据上述条件，请判断下列哪项断定可能为真？

A：是乙和丁捐的。

B：是甲和乙捐的。

C：是丙和丁捐的。

D：是乙和丙捐的。

E：是丁和丙捐的。

第27关 保镖

有位富豪身边有 A、B、C、D、E、F、G、H 八个保镖。一次，有个杀手谋杀富豪未遂，正在逃跑的时候，八个保镖都开枪了，杀手被其中一个人的子弹击中了，但不知道是谁击中的，下面是他们的谈话。

A："或者是 H 击中的，或者是 F 击中的。"

B："如果这颗子弹正好击中杀手的头部，那么是我击中的。"

C："我可以断定是 G 击中的。"

D："即使这颗子弹正好击中杀手的头部，也不可能是 B 击中的。"

E："A 猜错了。"

F："不会是我击中的，也不是 H 击中的。"

G："不是 C 击中的。"

H："A 没有猜错。"

事实上，八个保镖中有三个人猜对了，你知道谁击中了杀手吗？假如有五个人猜对，那么又是谁击中了杀手呢？

第28关 预言家

古时有 A、B、C 和 D 四位少女。她们正在接受成为预言家的训练。后来，她们之中只有一个人成了预言家。其余三个人，一个成了舞蹈家，一个当了歌唱家，第三个当了演奏家。

一天，她们四个人在练习讲预言。

A 预言："B 无论如何也成不了舞蹈家。"

B 预言："C 将成为预言家。"

C 预言："D 不会成为演奏家。"

D 预言："我将嫁给一个叫阿特的男人。"

可是事实上，她们四个人中只有一个人的预言是正确的，而正是这个人当了预言家。

她们四个人分别成为什么人？

D 和阿特结婚了吗？

第**29**关 拔河比赛

某校举行拔河比赛，所有学生分为甲、乙、丙、丁四个小组。当甲、乙两组为一方，丙、丁两组为另一方的时候，双方势均力敌，不相上下。但当甲组与丙组对调以后，甲、丁一方就轻而易举地战胜了丙、乙一方。然而，分组较量时，甲、丙两组均负于乙组。这四组中，谁的力气最大？

第**30**关 谁是白马王子

芳芳心中的白马王子是高个子、小麦肤色、相貌英俊的人。她认识甲、乙、丙、丁四位男士，其中一位符合她要求的全部条件。

四位男士中，有三人是高个子，只有两人是小麦肤色，只有一人相貌英俊。

每位男士都至少符合一个条件：

（1）甲、乙肤色相同；

（2）乙、丙身高相同；

（3）丙、丁并非都是高个子。

你知道谁是芳芳心中的白马王子吗？

第**31**关 鉴定古董

一位外国人到中国来，让一个考古学家帮他鉴定一个精制的古董。从外表看来，古董似乎是真的。但经考古学家仔细地考究，发现古董上刻着"公元前12年"，考古学家立刻断定这是一个赝品。你知道考古学家是如何鉴定出来的吗？

第**32**关 血型的判断

有两兄弟，为了争夺家产结了仇，见面都互不理睬。

有一天，人们发现哥哥死在街头，而弟弟却失踪了。

警方在现场调查发现：死去的哥哥的血型是A型，而在他身上，发现有AB型的血迹，警方认为是凶手留下的。

据调查，死者的父亲的血型是O型，母亲的血型是AB型，但死者弟弟的血型是什么，却不清楚。

有人认为杀人凶手一定是死者的弟弟。

你根据上述材料想想看，失踪的弟弟会不会是凶手？

第**33**关 黑帽子

有一群人开舞会，每人头上都戴着一顶帽子。帽子只有黑白两种，而且黑色的帽子至少有一项。每个人都能看到其他人帽子的颜色，却看不到自己的。主持人先让大家看看别人头上戴的是什么颜色的帽子，然后关灯，如果有人认为自己戴的是黑帽子，就拍拍手。第一次关灯，没有声音。于是再开灯，大家再看一遍，关灯时仍然鸦雀无声。一直到第三次关灯后，才有噼噼啪啪的拍手声响起。问：有多少人戴着黑帽子？

第**34**关 高考

小王、小刘和小张三人一起参加了今年的高考，考完后他们在一起讨论。

小王说："我肯定能考上重点大学。"

小刘说："重点大学我是考不上了。"

小张说："要是不论重不重点，我考上一般大学肯定没问题。"

结果，等到成绩公布的时候，三个人中进入重点大学的、一般大学的和没进入大学的各有一人，并且他们三人的预言只有一人是对的，另外两个人的预言与事实恰好相反。

那么，三个人中有谁考上了重点大学，谁考上了一般大学，谁没有考上大学？

第35关 老师的生日

小明和小强都是张老师的学生，张老师的生日是 M 月 N 日，两人都知道张老师的生日是下列 10 组中的一天，张老师把 M 值告诉了小明，把 N 值告诉了小强。

3月4日　　　3月5日　　　3月8日

6月4日　　　6月7日

9月1日　　　9月5日

12月1日　　12月2日　　12月8日

小明说："即使我猜错了，小强肯定也不知道。"

小强说："本来我也猜不着，但是现在我猜到了。你也应该猜到了。"小明说："对，我猜到了。"

请根据以上对话推断出张老师的生日是哪一天。

第 1 关 谁是推销员

乔治是推销员。

从题意中给出的信息可知，汤姆、卡尔都不是推销员，所以乔治是推销员。那么推销员的年龄比医生大，则卡尔不是医生而是律师，汤姆是医生。

第 2 关 谁是王牌

黑桃是王牌。

据（1）、（2）、（3），此人手中四种花色的分布是以下三种可能情况之一：

（a）1237；（b）1246；（c）1345。

根据（6），情况（c）被排除。根据（5），情况（a）被排除。因此，（b）是实际的花色分布情况。

综合（4）和（5），一定有四张红心、一张方块和两张黑桃。因此，黑桃是王牌花色。

第3关 男孩的妙计

男孩的第一问题是："今晚你愿意和我一起去吃饭吗？"第二个问题是："对这个问题的回答，与对第一个问题的回答是一样的吗？"

如果女孩对第一个问题说"不"，那么对于第二个问题，她无论说"是"还是"不"，都在逻辑上自相矛盾。所以，女孩别无选择，只能对第一个问题回答"是"。

第4关 这里的水可以喝吗

水是可以喝的。

旅行家与村民说的第一句话就是要试探这位村民说话的真假。因为那天天气晴朗，旅行家说"今天的天气真好啊"，村民回答"是的"，说明对方一定是个说实话的人。所以，水可以喝。

第5关 装珠宝的箱子

打开第二个箱子。

如果第一个箱子纸条上的话是真的，那么第二个箱子的话也是真的，这自相矛盾。由此可判断第一个箱子纸条上的话是假的。

珠宝在第二个箱子里，并且第二个箱子纸条上的话是假的，这时根据第二个箱子的判断，珠宝在第二个箱子里。

答案

第6关 仓库失火

乙和丙说的是真话，甲和丁说的是假话。

甲和乙的话相互矛盾，其中必有一假。丙和丁两人中也必有一真一假。如果丁的话真，那丙的话也一定真，与题义明显不符。所以，丁的话一定是假的，丁作案。这样，实际情况就与甲的说法自相矛盾而与乙说的相一致。所以，在甲、乙二人中，甲说的是假话，乙说的是真话。

第7关 聪明人

这个人问的是"你会说话吗"。

　　除非身有残疾或疾病，每个人都会说话。这个人问强盗："你会说话吗？"如果是说真话的强盗就一定会回答"是"，而说谎的强盗则一定会回答"不"，那么剩下的一个强盗就是一半说真话一半说假话的了。

第8关 谁领头

李四是领头的。

　　如果张三说的是实话，那李四说的也没错。但只有一个人说实话，张三、李四说的都是假话。如果阿七说的是实话，那李四说的也没错。所以，阿七说的是假话。

　　综上，只有王五说的是实话，李四是领头的。

第 9 关 女明星的年龄

丁说得对。

甲认为女明星的年龄≤25岁，乙认为女明星的年龄≤30岁，丙认为女明星的年龄>35岁，丁认为女明星的年龄<40岁。

假设甲说的是真的，则乙、丁说的也为真，与前提矛盾。假设乙说的为真，则丁所说也为真，与前提矛盾。如果丙为真，则甲、乙必为假，但丁可能为真，也可能为假。丁为假的可能仅有这位明星在40岁上之时。假设丁说的为真，则当这位女明星的年龄是31～35岁时，符合题目要求。所以丁说得对。

第 10 关 天气预报

昨天无雨。

这里要注意的是，天气预报是前天的，所以预报中说的后天就是今天。由此得出：昨天的天气和前天的不同。由于今天和前天下了雨，故昨天的天气是无雨。

第11关 说谎的日子

这一天是星期一。

如果这一天是星期一，前天（星期六）则是张三说实话的日子，但在星期一他又说谎，因此，在星期一张三会说"前天我说谎话"。而星期六是李四说谎的日子，而星期一是他说实话的日子，所以，在星期一李四会说"前天我说谎话"。所以，这一天应该是星期一。

第12关 谁是班长

A与F同班，B与H同班，C与E同班，D与G同班。

按照题意，做表如下所示。三次会议都出席的B必然与三次都没出席的H同班；其他结论也可得出。

人员	A	B	C	D	E	F	G	H
1	○	○	○	○				
2		○		○	○	○		
3	○	○			○		○	

第 13 关 医务人员

说这段话的人是一位女护士。

由于医生和护士的总数是 16 名，由条件 (1) 和 (4) 可以断定：护士至少有 9 名，男医生最多有 6 名。再根据 (2) 就能判断出，男护士必定不足 6 名。而根据 (3)，女护士的人数少于男护士，所以可以断定男护士一定多于 4 名。根据上述推断，男护士多于 4 人少于 6 人，故男护士的人数必定是 5 人，所以护士的人数就是 9 人，其中包括 5 名男护士和 4 名女护士。由此可以推断出男医生恰好是 6 人，这样，就只有一位女医生。即男医生 6 人、男护士 5 人、女护士 4 人、女医生 1 人。

如将一名男医生排除在外，那么就与 (2) 矛盾；如果把一名男护士排除在外，那么就与 (3) 矛盾；如果把一名女医生排除在外，那么就与 (4) 矛盾；如果把一名女护士排除在外，则不与任何一条相矛盾。因此可以断定，说这话的是一位女护士。

第 14 关 谁偷表

四个人都偷了表。

甲跟丁矛盾，那么甲跟丁之间必有一真，则乙和丙说的话是假的。而丙与丁说的话相吻合，如丁说的是真的，则丙说的也是真的，所以甲说的是真的。

第15关 谁是凶手

乙是射杀大黑的凶手。

根据条件2和条件3可知首领是甲。根据条件2、条件4、条件5可知，凶手不是丙和丁，也不是首领甲。所以，只有乙可能是射杀大黑的凶手。

第16关 谁是外来人

甲是说谎者，乙是外来人，丙是诚实人。

甲不可能是诚实人，因为诚实人不会承认自己是外来人。如果甲是外来人，则乙说的是真话，因而是诚实人。这样，丙就是说谎者。但丙说的是真话，不可能是说谎者。因此，甲不是外来人，而是说谎者。甲是说谎者，所以乙说的是假话，因而要么是说谎者，要么是外来人。由于甲是说谎者，所以乙是外来人，丙就是诚实人。

第 17 关 星期几

星期四。

七天为一个星期，42 天就是 42÷7=6（周），所以，42 天后和今天一样，都是星期四。

第 18 关 星期几

星期六。

19÷7=2（周）余 5（天），今天是星期一，五天后是星期六，所以，19 天后是星期六。

第 19 关 星期几

星期二。

51÷7=7（周）余 2（天），今天是星期四，两天后是星期二，所以，51 天以后是星期二。

第 20 关 过了多久

过了 22 小时 20 分钟。

这是从第一天，到了第二天。若第二个表盘也显示为 19:50:00，则正好过了 24 小时。现在显示的时间 18:10:00 距离 19:50:00 还差 1 小时 40 分钟，则 24 小时－1 小时 40 分钟＝22 小时 20 分钟。

答案

第 21 关 过了多久

过了 10 小时 50 分钟。

这是一天当中的时间变化。第二个表盘若显示为 13:50:00，则刚好过了 11 小时。现在显示的时间 13:40:00 还差 10 分钟，则 11 小时－10 分钟＝10 小时 50 分钟。

第 22 关 什么年

虎年。

12 生肖 12 年一轮回。2034 － 2018 ＝ 16（年），16÷12 ＝ 1 余 4，2018 年过四年即 2022 年是虎年，则 2034 年也是虎年。

第 23 关 什么年

马年。

12 生肖 12 年一轮回。2050 － 2015 ＝ 35（年），（35 ＋ 1）÷12 ＝ 3，2015 年是羊年，2014 年就是马年，2050 年与 2014 年同为马年。

第 24 关 珠宝失窃

甲说的是假话，因此，甲是犯罪嫌疑人。

由题干可知，乙和丁所说互相矛盾，则其中必有一人说的是真的。假设乙说真话，那么丁说真话，甲也说真话，这与题干相矛盾，假设不成立。所以丁说的是真话，其余三人说的是假话，犯罪嫌疑人是甲。

第 25 关 谁是嫌疑人

如果甲真，丁也一定真。与题干条件矛盾。甲一定假。

如果乙真，丁也一定真。与题干条件矛盾。乙一定假。

这样，丙和丁就一定是一真一假了。

当丙真、丁假时，无人作案；当丙假、丁真时，作案者是丙。

由于有两种可能，作案者可能是丙。

第 26 关 捐款的人

B、C 的断定可能为真。

乙和丁的说法矛盾，所以他们中有一人说的是真话。如果乙和甲说的是真话，那么，捐款人是丙和丁。如果乙和丙说的是真话，那捐款人就有三个人了。如果丁和甲说的是真话，那么，只可能有一个人捐款。如果丁和丙说的是真话，那么，捐款人是甲和乙。根据选项 B、C 可能。

第 27 关 保镖

如果八个保镖中有三位猜对，杀手是 C 击中的；如果八个保镖中有五人猜对，杀手是 G 击中的。

因为 A 与 F、E 与 H、B 与 D 的说法相互矛盾，所以这三组人中每组都是一人猜对、一人猜错。有三个人猜对时，C 与 G 猜错，即杀手是 C 击中的。有五个人猜对时，C 与 G 猜对，即杀手是 G 击中的。

第 28 关 预言家

A 是预言家，B 是歌唱家，C 是舞蹈家，D 是演奏家。D 没有和阿特结婚。

由 B 的预言"C 将成为预言家"可知，B 没有成为预言家，因为，如果 B 成为预言家，那么她的预言就应该是正确的，那么 C 将成为预言家。这与"只有一个预言家"是相矛盾的。

既然 B 的预言是不正确的，那么 C 也没有成为预言家，所以 C 的预言也是错误的。既然 C 的预言错误，那么 D 最后成了演奏家，而 A 自然就是预言家。

所以由此可以判断出，B 成了歌唱家，而 C 是舞蹈家。D 最终也没有嫁给那个叫阿特的男人。

第 29 关 拔河比赛

丁组。

因为甲、乙与丙、丁势均力敌，甲、丁轻而易举战胜丙、丁，所以，丁组力气大于乙组。而乙组力气又分别大于甲组和丙组，所以，丁组力气最大。

第 30 关 谁是白马王子

丙是芳芳心中的白马王子。

根据（2），乙和丙都是高个子。再根据（3），丁不是高个子。所以，甲、乙、丙是高个子。

丁至少符合一个条件，既然他不是高个子，那么他一定是有小麦肤色的人。

根据（1），甲、乙要么是小麦肤色，要么都不是。由于丁是小麦肤色，所以甲、乙都不是小麦肤色的人，否则就有三位男士是小麦肤色了。所以，丙和丁是有小麦肤色的人。

由于丁个子不高，甲、乙都不是小麦肤色，而丙既是高个子又是小麦肤色，所以丙是唯一能够符合芳芳全部条件的人。因而他一定是相貌英俊的。

由此可以归纳出：

甲是高个子；

乙是高个子；

丙是高个子、小麦肤色、相貌英俊；

丁是有小麦肤色的人。

所以丙是芳芳心中的白马王子。

答案

第 31 关 鉴定古董

考古学家就是从古董上刻着的"公元前12年"这几个字判断出来的。因为公元前的人是不可能用公元纪年的，更不可能在上面刻下公元纪年的准确年份。

第 32 关 血型的判断

有关不同血型的人结婚，生出子女的血型如表所示。

一方血型	另一方血型	孩子可能的血型	孩子不可能的血型
A	A	A、O	B、AB
B	B	B、O	A、AB
A	B	A、B、O、AB	
AB	A	A、B、AB	O
AB	B	A、B、AB	O
O	A	O、A	B、AB
O	B	O、B	A、AB
O	AB	A、B	O、AB
AB	AB	A、B、AB	O
O	O	O	A、B、AB

由此可知，AB 型和 O 型血液的人结婚，子女的血型只能是 A 型或者 B 型的，不会有 AB 型。所以失踪的弟弟不是凶手。

第 33 关 黑帽子

三人。

第一次关灯没有拍手声，说明戴黑帽子的不止一人，因为如果只有一个人的话，他看到周围的人都是白帽子，就能断定自己戴的是黑帽子，那么第一次关灯就会有拍手声。

第二次关灯没有拍手声，就说明戴黑帽子的不止两个人。因为如果有两个人戴黑帽子，在第一次关灯没有拍手声后，他们就能断定自己戴的也是黑帽子，因为除了他们看到的对方之外，其他人都是白帽子，那么第二次关灯的时候就会有拍手声。

第三次关灯的时候有拍手声，说明戴黑帽子的有三个人。因为前两次关灯都没有人拍手，那就说明除了自己看到的两个戴黑帽的人之外，还有其他人戴着黑色的帽子，可是除了黑帽 A 和黑帽 B 之外周围都是白帽子，那么就能断定自己也戴着黑帽子。

第 34 关 高考

小刘考上了重点大学，小张考上了一般的大学，而小王没考上大学。

根据题目提供的信息，首先可以假设小王的预言是正确的，那么这样一来小王和小刘就都考上了重点大学，这与题目中所说的"三人只有一人预言是正确的"相矛盾。所以，由此可知，小王的预言是错误的。

再假设小刘的预言是正确的，那么据此可以得出小张没有考上大学，而小刘和小王都只考上了一般的大学，那么这也与题目中"三人只有一人预言是正确的"相矛盾。所以，由此可知小刘的语言也是错误的。

最后假设小张的语言是正确的，那么就可以依此推测出小刘考上了重点大学，小王没有考上大学，而小张则考上了一般的大学，这一结论与题目中的各个条件都不矛盾，因此可以，小张的预言是正确的。

第 35 关 老师的生日

张老师的生日是 9 月 1 日。

小明说："即使我猜错了，小强肯定也不知道。"这句话说明，M 不会是 6 或 12。因为如果 M 是 6 或 12，小明就有可能猜是 6 月 4 日（12 月 1 日、12 月 8 日），若同时 N 是 2（7）的话，小强就知道小明猜错。则 M 是 3 或 9，而 N 在 1、4、5、8 中取值。

小强说："本来我猜不着，但是现在我猜到了。"这句话验证了 N 确实不是 2 或者 7；同时，也说明了 N 不是 5。若 N 是 5 的话，小强仍然猜不出。既然他猜到了，而且随后小明也会猜出，就说明 N 是 1。若 N 是 4 或 8 的话，小强猜到后，小明仍然猜不出。

答案

第**1**关 字母窗口

问号处应为什么字母？

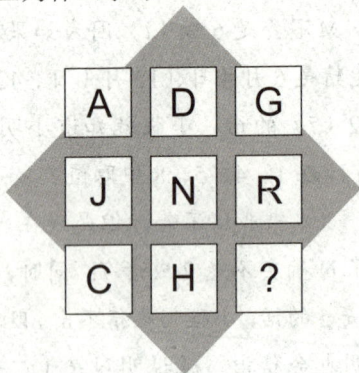

A	D	G
J	N	R
C	H	?

第**2**关 数字和字母

你能找出正方形中字母和数字之间的联系，并用一个数字来替换图中的问号吗？

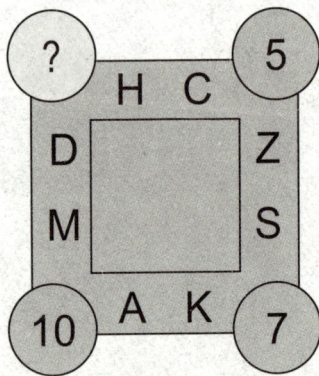

```
  ?           5
     H   C
  D           Z
  M           S
     A   K
  10          7
```

第**3**关 字母填空

问号处应填什么字母？

E	T	P
B	O	?
X	V	W

第**4**关 找规律填字母

哪个字母能填在问号处？

	T
X	Q
Z	N
B	K
D	?
F	E
H	B

字母过关游戏

第 5 关 字母向心力

问号处应为什么字母？

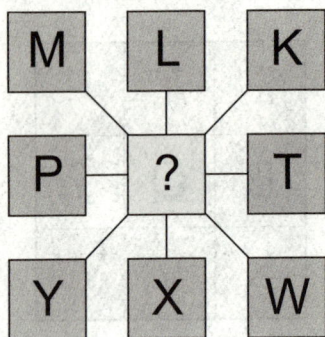

M	L	K
P	?	T
Y	X	W

字母过关游戏

第 6 关 按规则填字母

请将 A、B、C、D 分别填在空格里，要求无论横行、竖行还是斜行都要有这四个字母，且不重复。

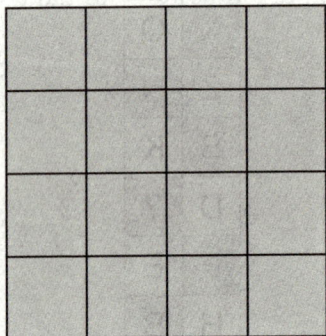

第7关 "Z"的颜色

方格中写完了26个英文字母中的前25个。请细观察图中的字母颜色规律，想想如果再写出字母 Z 时，Z 应该是写成黑色还是白色？

第8关 破解字母密码

问号处应为什么字母？

第9关 字母等式

请破解图上各等式的规律，算出"？"处应填的正确数值。

CALM=29

BACK=17

PALE=34

RACE=?

第10关 字母填空

请破解字母排列的规律，在"？"处填上正确的字母。

A	V	G	N	M
Z	D	R	J	?

第11关 多余的字母

每个圆圈里都有一个字母是多余的，你知道是哪一个吗？

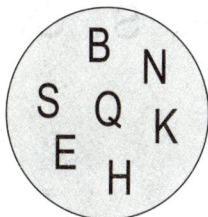

A

B

第12关 哪一个是特殊的

哪一个字母组合是特殊的？

KMOQ　JLNP

SUWY　GIKM　CEGI

OQSU　ACEF

第 **13** 关 字母的规律

下列字母按我们惯常熟悉的顺序排列，请找出内在规律，指出下一个字母该是什么？

O、T、T、F、F、S、S、E

第 **14** 关 缺少的字母

看看，六角星中少了什么字母？

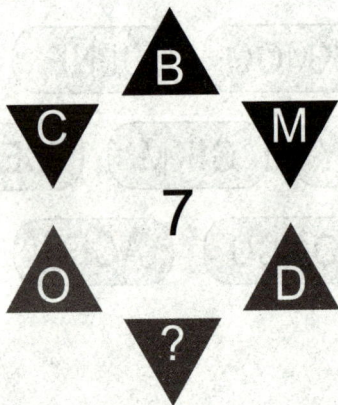

B
C 7 M
O D
?

第15关 字母通道

问号处应为什么字母？

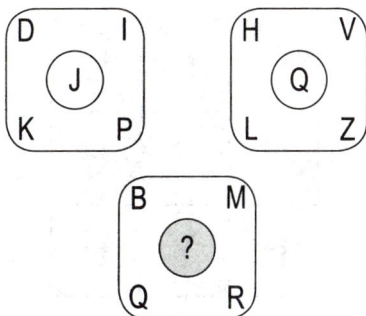

第16关 找规律填字母

填什么字母能延续这个序列？

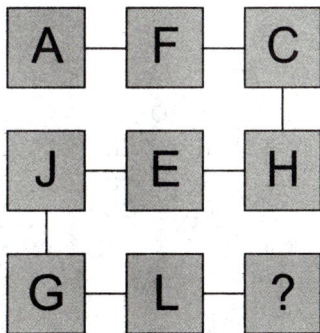

第17关 看图片找规律

哪个字母能填在问号处完成谜题？

C	L	D
C	?	E
E	Y	E

第18关 找规律

在最后的五角星中填充适当的字母。

L
I O
F C

O
K S
G C

I
G ?
E C

第1关 字母窗口

M。

观察字母的间隔规律：第一行间隔两个字母，第二行间隔三个字母，第三行间隔四个字母。

答案

第2关 数字和字母

9。

从 H 开始，按顺时针方向用第一个字母在 26 个英文字母表中的位次数，减去第二个字母在字母表中的位次数，得数即为下一角的数字。

所以，M（13）－ D（4）＝9。

第 3 关　字母填空

L。

各字母的数值均为它在字母表中的倒序数，如 A = 26，B = 25；第一行的字母 ＋ 第三行的字母 ＝ 第二行的字母。

所以 P（11）＋ W（4）＝ L（15）。

答案

第 4 关　找规律填字母

H。

从 T 开始，先沿左边向下，每个字母的位置号加 2 即为下一个字母的位置号；从 T 开始，沿右边向下，每个字母的位置号减 3，即为下一个字母的位置号。

所以，M（13）－ D（4）＝ 9。

第 5 关 字母向心力

L。

用字母在 26 个英文字母表中的位次数代替字母，相互连接的三个数，边上两个的和除 3 得中间数字代表的字母。即 ［M（13）＋W（23）］÷3＝ L（12）。

第 6 关 按规则填字母

A	C	D	B
D	B	A	C
B	D	C	A
C	A	B	D

第7关 "Z"的颜色

字母 Z 应该是白色的。

因为所有的白色字母都可以一笔写完，而黑色字母就不能一笔写完了。

第8关 破解字母密码

V。

按照字母间隔的规律顺序。间隔三个字母—间隔两个字母—间隔三个字母—间隔两个字母。

第 9 关 字母等式

27。

每个字母在字母表中的位次数相加而得。

第 10 关 字母填空

J。

上下两行字母包含了两个交叉序列：A—D—G—J—M，在字母表中依次前进三个位置；Z—V—R—N—J，在字母表中依次后退四个位置。

第 11 关　多余的字母

A 中为 S，B 中为 Q。

字母按次序依次增加，且间隔两个字母。

第 12 关　哪一个是特殊的

A C E F。

其他字母间的规律是：第一个字母跳过一个为第二个字母，第二个字母跳过一个为第三个字母，第三个字母跳过一个为第四个字母。

第 13 关 字母的规律

N。

这列数字是按英文数字 1～9 的头一个字母排列的，则下一个是 N，即 Nine。

第 14 关 缺少的字母

F。

C、B、M 的正数序之和为 18，O、D、F 的正数序之和为 25，二者之差为 7。

第 15 关 字母通道

J。

图形中间字母在字母表中的位置位于两对对角线的中间位置。

第 16 关 找规律填字母

I。

字母之间的关系是：按字母表顺序，先向前移动五个字母，再退回三个字母，反复进行。

第 17 关　看图片找规律

O。

每行中心字母的位置号是左右两字母位置号的乘积。

第 18 关　找规律

K。

每个图形中,字母按照字母表顺序顺时针方向移动,由左至右,第一个图形中字母每次分别前移三位、第二个移四位,第三个移二位。

第**1**关 蚂蚁过路

有两只蚂蚁在地下通道相遇。通道很窄，一次只能过一只蚂蚁。幸好，通道一侧有一个凹处，但是里面被一颗小石子占据了，把它移出来又占据了通道。你认为两只小蚂蚁可以双双通过这个狭窄的通道吗？

第**2**关 前任的照片

李先生是一个很怀旧的人。有一次他跟现在的女朋友一起去吃饭，一不小心把口袋里的所有东西都掏了出来，里面有一些体育彩票、便条和一张与前女友的照片。这张前女友的照片让现在的女朋友看到肯定会不高兴，有可能会引发出一场不愉快。他在慌乱之际想用手去遮住某些东西，那么他把什么先遮起来最能避免这场尴尬？

第 **3** 关 灯泡的体积

爱迪生在发明制造了第一个灯泡之后，继续研究如何提高灯泡的质量，延长使用寿命。有一天，爱迪生想研究一下灯泡的体积与灯泡的质量有没有关系。要想弄清这个问题，就必须测量出灯泡的体积，以检测它们的发光强度和使用时间有什么不同。

爱迪生让助手去测量一下灯泡的体积。他的助手接受任务后就忙着测量灯光的直径、高度，然后再算出灯泡的体积。但由于灯泡形状很不规则，所以算了很长时间也没有算出来。但是爱迪生只用了几分钟，就把灯泡的体积测出来了。你知道爱迪生是如何测出灯泡的体积吗？

第 **4** 关 找假币

有十堆银币，每堆十枚。已知一枚真币的重量，也知道每枚假币比真币多 1 克，而且你还知道这里有一堆全是假币，你可以用一架台式盘秤来称克数。试问，最少需要称几次才能确定出假币？

第 **5** 关　游泳池的水

一天，国王把阿凡提叫到皇宫，想出难题考考他。他问阿凡提："你知道王宫前面的水池里共有几桶水？"这个问题显然不好回答。但聪明的阿凡提想了一会儿就回答出了令国王满意的答案。你知道阿凡提是如何用桶来量游泳池的水吗？

第 **6** 关　选拔比赛

甲喜欢打乒乓球，球艺也很好。他刚转到了一所新的学校，在这所学校里有两个乒乓球尖子，他们是乙和丙。其中乙的球艺高于丙。为了要推荐一人去参加区里的乒乓球比赛，学校组织他们三个人举行一场选拔比赛。比赛分三场举行，由甲分别对乙和丙；并规定如果甲能连胜两场，就作为校方代表参加区里的比赛；至于对手的安排，可从乙－丙－乙，或者丙－乙－丙两个方案中由甲挑选。为了取得这次选拔比赛的胜利，甲应挑选哪一个比赛方案才会有胜算？

第 **7** 关 过桥

小明一家在天黑的时候抵达了一座桥边，他们一家必须要走过这座桥才能回家，但是过桥必要有灯。小明手里刚好有一盏灯，但是它最多只能燃烧 30 分钟，30 分钟之后就会熄灭。过桥用时，小明要 1 分钟，小明的弟弟要 3 分钟，小明的爸爸要 6 分钟，小明的妈妈要 8 分钟，小明的爷爷要 12 分钟。小明一家应该怎样过桥？

第 **8** 关 一猜即中

首先，让你的朋友在心中任意默想一个自然数。然后请他依顺序按下列要求进行计算：把默想的数乘以 5；所得的积加 3；所得的和乘以 4；所得的积加 8；所得的和乘以 5。最后，让你的朋友把计算的结果告诉你。根据这一结果，你就能在几秒钟内准确无误地确定你朋友心中默想的数字。你知道这是如何做到的吗？

第9关 取棋子的人

把一些圆形棋子放成环形（如图所示）。

两人轮流从中取棋，每次都只能取一颗或相邻的两颗，并且所取的这一颗或相邻两颗棋子的两边，必须都有与它们相接触的棋子，这样继续下去，到不能取走时为止。最后一次取得棋子的人算赢。想一想，如何才能获胜呢？

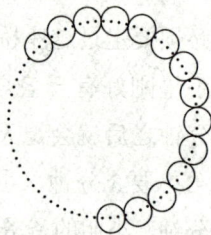

第10关 能及时赶回去吗

周末，有三个同学甲、乙、丙出去玩，但是按学校规定他们必须得在晚上11点前赶回宿舍。

他们玩得太高兴了以至于忘记了时间。当发现的时候，已经是晚上10点8分。他们离学校有10千米的距离。如果跑着回去需要1小时30分钟，如果骑自行车回去要30分钟。但他们只有一辆自行车，并且自行车只能带一个人，所以必须有一个人要跑。

那么，请问他们能及时赶回去吗？

第**11**关 喝汽水

汽水一元一瓶，喝完后两个空瓶换一瓶汽水，问：如果你有 10 元钱，最多可以喝到几瓶汽水？

第**12**关 策略

准备 22 颗棋子，左边放 10 颗，右边放 12 颗，如图所示。

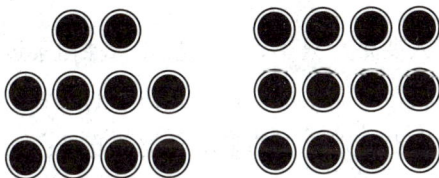

小王和小明两人轮流取棋子，规则是：可以从左边一堆或右边一堆中取出一颗、几颗直到整个一堆；如果从两堆中同时取的话，必须取出同样多的颗数。谁能取得最后一颗或数颗棋子为胜利者。如果这场比赛小王要赢的话，他该如何取才会获胜？

第13关　哪个体积大

　　在一个正方体的塑料方盒中,放入完全相同的小球,能放四层,每层放16个,放入后刚好到盒子的边缘。

　　再取来另一个相同的塑料盒,只放入一个正好装入这个盒子的大球。

　　你认为哪个盒子中装的球的体积大呢?

第14关　羊、狼和白菜

　　一个人要带一只羊、一匹狼和一棵白菜过河。但他的小船只能容下他以及羊、狼和白菜的三者之一。如果他带白菜先走,则留下的狼就会把羊吃掉;如果他把狼带走,留下的羊就会把白菜吃掉。只有当人在的情况下,白菜、羊和狼才能相安无事。请问,这个人如何才能把每件东西都带过河去?

第15关 对号入座

开始聚餐了，有A、B、C、D、E、F六人坐在一张圆桌上。已知E与C相隔一人，且在C的右侧（如图所示），D坐在A对面，F与A不相邻，B在F的右侧。

A、B、D、F各坐什么位置？

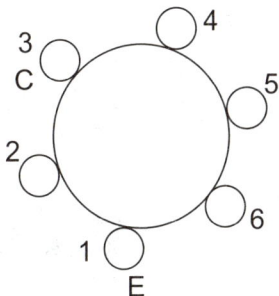

第16关 渡河

有几个户外运动爱好者一起来到河边，准备过河。但是这条河上的桥已经毁坏，河水又很深。就在大家为过河的事情一筹莫展的时候，队长忽然看见有两个少年正在河边的一条小船上玩耍，可是这条船实在是太小了，它每次只能载一个成人或两个少年，这样还是没有办法渡过这条河。就在大家一筹莫展之际，队长灵机一动，想出了一个办法，后来全队人用这个方法顺利地利用这条小船渡过了河。那么，你知道他们是如何利用小船过河的吗？

第17关 瓶子的大小

有两个瓶子，一个细高，一个粗矮，在没有量杯的情况下，你能用最简单的方法尽快知道哪个瓶子的容积更大吗？

第18关 正确答案

有A、B、C三个人回答同样的七个是非题。按规定：凡答案是"是"，就打上一个○；答案是"非"，就打上一个×。结果发现，这三个人都答对了五题，答错了两题。A、B、C三个人所答的情况如下所示。

```
    1 2 3 4 5 6 7
A   × × ○ × × × ○
B   ○ × × × × ○ ×
C   ○ ○ ○ ○ × ○ ○
```

你知道这七道题目的正确答案是什么吗？

第19关 强渡危桥

一天，上级派甲、乙、丙、丁连夜赶赴外地去执行任务。不幸，途中雷雨交加、天昏地暗，又遇到了一座危桥。由于时间紧迫，四个人决定冒险过桥。

他们四个人手中只有一个手电筒可用来照明，同一时间只能有两个人走在危桥上，否则桥就会倒塌。

四个人过桥所需时间如下：

甲1分钟，乙2分钟，丙5分钟，丁10分钟。

他们能在17分钟内安全渡过这座危桥吗？

第20关 有几个人

在一间房子里，有几张三条腿的凳子和四条腿的椅子，并且它们都有人坐。

如果你数出房间里有55条腿，那么是否可以算出有几张凳子、几张椅子和几个人呢？

第21关 鸽子

有个人想把50只鸽子分别装进10个鸽子笼里放养。他别出心裁地计划让这10个鸽子笼中所放养的鸽子数完全不同。

问：他能实现这个计划吗？

第22关 星期几去的

几个人刚爬山回来，但他们忘记今天是星期几了，于是聚在一起讨论。

张三：后天星期三。

李四：不对，今天是星期三。

王五：你们都错了，明天是星期三。

赵六：今天既不是星期一也不是星期二，更不是星期三。

刘七：我确信昨天是星期四。

孙八：不对，明天是星期四。

周九：不管怎样，昨天不是星期六。

他们之中只有一个人讲对了，是谁呢？今天到底是星期几？

第23关 箱子里的东西

有四个箱子，每个箱子上写着一句话。 第一个箱子上写着"所有的箱子中都有凶器"；第二个箱子上写着"本箱子中有卷宗"；第三个箱子上写着"本箱中没有遗物"；第四个箱子上写着"有些箱子中没有凶器"。

如果其中只有一句真话，那么下面哪一句话成立？1.所有的箱子中都有凶器。2.所有的箱子中都没有凶器。3.有些箱子中没有凶器。4.第三个箱子中有遗物。5.第二个箱子中有卷宗。

第24关 储蓄罐

三枚五角硬币和三枚一元硬币分别存放在三个储蓄罐中，每个只存二枚。虽然每个储蓄罐上都标有其存放的金额，第一个2元，第二个标有1.5元，第三个标有1元，可每个储蓄罐上的金额都标错了。

如果只允许你从其中某一个储蓄罐里倒出一枚硬币，那么，从这枚硬币你能知道它们各自存放的金额吗？如果能，请分析原因。

谋略过关游戏

第25关 谁拿了谁的伞

一天，甲、乙、丙、丁、戊 五人聚会。由于下雨，他们每人带了一把雨伞。聚会完回到家后，每个人都发现自己拿回来的雨伞是别人的。现已知：

1. 甲拿回去的雨伞不是丁的，也不是乙的；

2. 乙拿回去的雨伞不是丁的，也不是丙的；

3. 丙拿回去的雨伞不是戊的，也不是乙的；

4. 丁拿回去的雨伞不是丙的，也不是戊的；

5. 戊拿回去的雨伞不是丁的，也不是甲的。

另外，还发现没有两个人互相交换了雨伞（例如甲拿乙的，乙拿甲的）。

请问，丙拿回去的雨伞是谁的？丙的雨伞又被谁拿去了？

第26关 密函

保安局少尉捉到一名间谍，从他身上搜到了一份密函。密函全文如下："W 老师：就援助贵校球队出外比赛一事，明天 5 时请与领队到我家详谈。"受过训练的少尉，很快就破解了间谍携带的这份密函。

你知道这份密函的真正内容是什么吗？

第27关 家庭情况

某警局的卷宗上记录，每 100 个男嫌犯中有 85 人已婚，70 人有电话，75 人有汽车，80 人有自己的房子。

现以 100 个男嫌犯为基数，试问：每 100 个男嫌犯中拥有电话、汽车与住房的已婚男嫌犯至少有多少人？

第28关 数字信

有一个人，干起工作来很认真，技术又好，不过有个缺点，喝起酒来那是一醉方休。喝醉了酒，不是骂人，就是打架。亲戚朋友都劝他少喝酒，甚至不喝，但他却总是改不了。

一天，这位爱喝酒的朋友收到了一封信。拆开一看，信纸上写的全是数字：

"99

81797954

7622984069405

76918934

1.291817"

这么多数字，是什么意思？从笔迹看，是他的小外甥写的。你知道这封信的意思吗？

第1关 蚂蚁过路

可以。

先由其中一只蚂蚁将小石子拖出，然后进入凹处。另一只蚂蚁推着小石子往前走，等过了凹处后停下，让这只在凹处的蚂蚁爬出来，并接着往前爬。自己再把小石子拖回，放在凹处，然后自己爬走。这样两只蚂蚁就可以双双通过狭窄的通道。

第2关 前任的照片

把现在女朋友的眼睛遮起来。

李先生在慌乱中遮住任何东西，都会引起现在女朋友的好奇心。所以，最好的办法是把女朋友的眼睛遮起来。

答案

第3关 灯泡的体积

爱迪生只需拿起灯泡往里灌满了水，然后把灯泡里的水倒入了一只量杯中，灯泡的体积就测出来了。因为灯泡的体积与储存在灯泡里的水的容积是等量的。这样根本不需要经过繁琐的计算。

第4关 找假币

只需称一次。

从第一堆银币中取一枚放在秤盘上，从第二堆银币中拿两枚放在秤盘上，从第三堆银币中拿三枚放在秤盘上，以下也如此。如果其中没有假币，你能算出秤盘上的银币该有多重。因此，如果你发现秤盘上重了多少，就能确定哪一堆是假币，因为堆的序数与拿出的币数是一样的。

第5关 游泳池的水

阿凡提说："那要看你选什么样的桶了。如果桶是和水池一样大，那么就只有一桶水；如果桶只有水池一半大，那么就只有两桶水；如果桶只有水池的三分之一大，那就是三桶水……以此类推。"

第6关 选拔比赛

第一种方案。

由条件可知，乙的实力是较强的，甲如果选择丙—乙—丙这套方案，那么，甲只与乙比赛一场，这场一输，选拔就毫无希望了。如果选择乙—丙—乙这一方案，丙与乙比赛两场，只要赢一场，那么连胜两场的可能性就很大。

第7关 过桥

让走得快的小明与弟弟负责来回传灯。

第一步，小明与弟弟一起过桥，弟弟留在对岸，小明回来，耗时 4 分钟。

第二步，小明与爸爸一起过桥，并留在对岸，弟弟回来，耗时 9 分钟。

第三步，妈妈与爷爷一起过桥，并留在对岸，小明回来，耗时 13 分钟。

第四步，小明与弟弟一起过桥，耗时 3 分钟。

这样，小明一家人就全部顺利过桥，耗时 29 分钟。

第8关 一猜即中

假设想的数为 n，演算过程为：

n×5=5n

5n+3

(5n+3)×4=20n+12

20n+12+8=20n+20

(20n+20)×5=100n+100=100(n+1)

如果你从最后的得数中除以 100，再减去 1，就得到了 n，即你朋友选择的数。

第9关 取棋子

争取后取。在对方取出一颗或相邻的两颗棋子后，这个环就有了缺口。这时，如果余下的是单数颗棋子，你就取出正中间的一颗；如果余下的是偶数颗棋子，你就取出正中间的两颗，使留下的棋子成为对称的两列。以后，对方在一列中取出一颗或相邻的两颗棋子时，你就在另一列对称的位置上取出相同的颗数。这样下去，一定能获胜。

第10关 能及时赶回去吗

能及时赶回去。

先让甲同学跑步，乙同学和丙同学骑自行车，骑到全程的2/3处停下（用时20分钟），乙同学再骑自行车回来接甲，丙同学这时继续跑步往学校宿舍赶。

乙同学会在全程1/3处接到甲（用时10分钟），然后他们骑着自行车继续往学校赶，他们可以和丙同学同时赶到学校（用时20分钟）。

按照这种走法，他们可以共用时50分钟。可以提前2分钟赶回学校宿舍去。

答案

第 11 关 喝汽水

20瓶。

第一次，10元钱能够买到10瓶汽水，喝完之后会得到10个空瓶。

第二次，10个空瓶可以换5瓶汽水，喝完之后会得到5个空瓶。

第三次，5个空瓶可以换2瓶汽水，剩一个空瓶，喝完之后一共有3个空瓶。

第四次，3个空瓶可以换1瓶汽水，剩一个空瓶，喝完之后一共有2个空瓶。

第五次，2个空瓶可以换1瓶汽水，喝完之后得到1个空瓶，此时可以跟商家借一个空瓶，一共有2个空瓶。

第六次，2个空瓶可以换到1瓶汽水，喝完之后得到一个空瓶，再将这个空瓶还给商家即可。

以上计算过程即

10+5+2+1+1+1=20。

第 12 关 策略

首先从右边一堆中取出6颗，成为右边一堆6颗，左边一堆10颗，即(10，6)以后在拿的过程中，留给对方的应是(7，4)、(5，3)、(2，1)的形式。当最后(2，1)留给对方时，小王就是胜利者了。

第 13 关 哪个体积大

一样大。

一个球体的体积，不论本身大小，都只能占据相应方盒空间的 52% 的地方。

在装小球的方盒中，一共装有 64 个小球，小球将方盒分成了 64 个小的正方体，这样每个小球的体积就是：

方盒的体积 ÷64×52%

那么 64 个小球的总体积就是：

方盒的体积 ×52%。

而大球的体积也是：方盒的体积 ×52%。

所以，两个盒子装的球的体积是一样的。

第 14 关 羊、狼和白菜

由于羊怕狼，羊会吃菜，所以先由羊开始解决。

步骤如下：

先带羊到对岸，人回来；

再把狼带到对岸，把羊带回；

把菜带到对岸，人再回来；

最后把羊带到对岸。

答案

第15关 对号入座

知道 D 坐在 A 对面，那么 D 和 A 一定在 2、5 的位置上。又知 F 与 A 不相邻，那么 A 应在 2 号位置，D 在 5 号位置，因为 B 在 F 的右侧，所以 4 号是 B，6 号是 F。

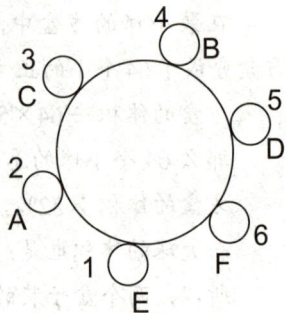

第16关 渡河

首先，让两个少年划船到对岸，然后留下一人，另一人再把小船划回去，并上岸。然后，一个成人将船划到对岸，留在对岸的少年再将船划回，随后将另一个少年载到对岸，然后再将船划回去，自己上岸，第二个成人再上船，把它划到对面去。之后，在对岸的少年再把船划回去，将在成人那一边的少年接到对岸，然后自己在划船回去，并上岸……也就是说，小船每往返两次才能载一个成人到河的对岸，所以，这队中有多少人，就需要这样重复多少次。

第 17 关 瓶子的大小

能。

将其中的一个瓶子装满水，然后再倒入另一个瓶子中，如果装不下，则另一个瓶子的容积更大；如果装不满，则另一个瓶子的容积更小；如果恰好装满，则两个瓶子的容积相等。

第 18 关 正确答案

答案

由题中可知，三个人都是答对五题，那么，我们可以两个人两个人地进行比较。对任何两个人来说，尽管他们答对的题号不可能全部相同，但至少有相同的三道题是都答对了的。从题目所列表格推知，第 2 题、第 4 题和第 5 题，A、B 两人都是答对的；第 1 题、第 5 题和第 6 题，B、C 两人都是答对的；第 3 题、第 5 题和第 7 题，A、C 两人都是答对的。

所以正确答案如下所示：

1 2 3 4 5 6 7
○ × ○ × × ○ ○

第 19 关 强渡危桥

甲和乙一起过桥（需要 2 分钟），甲带手电筒回去（需要 1 分钟）。丙和丁一起过桥（需要 10 分钟）。乙带手电筒回去（需要 2 分钟）。甲和乙一起过桥（需要 2 分钟）。

所用时间加起来一共是 17 分钟。

走得较快的甲、乙是来回两边传递手电筒的最佳人选。

第 20 关 有几个人

是可以算出来的。

你只要记住，每条腿都数过了，包括凳子腿、椅子的腿和人的腿。这样，对于每张有人坐的凳子，有五条腿（三条凳子腿和两条人腿），而每张有人坐的椅子都有六条腿。所以，5×（凳子数）+6×（椅子数）=55。

由此，就很容易解出来了。最后算出有 3 张凳子、4 张椅子和 7 个人。

第 21 关 鸽子

不能。

因为 1+2+3+4+……+10=55，即需要有 55 只鸽子。题目中说 50 只鸽子是达不到要求的。

第 22 关 星期几去的

赵六说的对。今天是星期日。

七个人观点如下：张三：星期一；李四：星期三；王五：星期二；赵六：星期四、星期五、星期六或者星期日；刘七：星期五；孙八：星期三；周九：星期一、星期二、星期三、星期四、星期五或星期六。

若张三、李四、王五、刘七、孙八五个人中任何一人说得对的话，那么周九说得也对。所以排除那五个人。若赵说得对，同时周九说得错时，那么今天就是星期日。

第 23 关 箱子里的东西

4。

第一个箱子和第四个箱子上写的话是矛盾的，所以必有一真，必有一假。因此第二、第三个箱子上的话是假话。从而推出第三个箱子中有遗物。

第 24 关 储蓄罐

倒出的是标有 1.5 元的储蓄罐中的硬币，你就可以把所有储蓄罐贴上正确的金额了。因为已知所有标签都贴错了，那它只可能放两枚 5 角的或是两枚 1 元的硬币。两枚 1 元的硬币，那么还有三枚五元的硬币和一枚 1 元的硬币，它们分别在标有 1 元和 2 元的储蓄罐中。而标有 1 元的储蓄罐中不可能有两枚 5 角的硬币，所以一定是一枚 5 角硬币和一枚 1 元硬币，剩下的那个就存有两枚 5 角硬币。

第 25 关 谁拿了谁的伞

丙拿去了丁的雨伞，丙的雨伞被戊拿去了。

由条件可知，甲拿去的伞只可能是丙或戊的；

乙拿去的只可能是甲或戊的；

丙拿去的伞只可能是甲或丁的；丁拿去的只可能是甲或乙的；

戊拿去的只可能是乙或丙的。

先假设甲拿去的是丙的雨伞。这时戊拿去的只能是乙的，丁拿去的只能是甲的，丙拿去的只能是丁的，乙拿去的只能是戊的，这样，乙和戊互换了雨伞，与题意不符，因此假设不成立。

既然甲拿去的不是丙的，那便肯定是戊的了，于是可知乙拿去的是甲的，丙拿去的是丁的，丁拿去的是乙的，戊拿去的是丙的，此结果满足题目的一切条件。

答案

第 26 关 少尉破密函

"援队一时到。"

破解的方法是逢五字抽一字，标点不算。

第 27 关 家庭情况

至少 10 个人。

以 100 个男嫌犯为基数,那么每 100 个男嫌犯中:

15 人未婚;

30 人没有电话;

25 人没有汽车;

20 人没有自己的住房。

15+30+25+20=90(人)

有可能这 90 个男嫌犯各不相同,这就意味着,有老婆、电话、汽车、房子的男嫌犯至少 10 人。

第 28 关 数字信

把 0 读成"洞",1 读成"要",2 读成"两"。这封全是数字的信,读起来,是这样的:

"舅舅

不要吃酒吃酒误事

吃了二两酒不是动怒就是动武

吃了酒要被酒杀死

一点儿酒也不要吃。"

第**1**关 分割正方形

将一个正方形在角上切去 1/4，所剩下的图形能分割成恒等的四块，如图左所示。把一个等边三角形的顶上切去 1/4，剩下来的图形也能分割成恒等的四块，如图中所示。

图右所示是一个正方形，可不可能分割成五个恒等的图形呢？

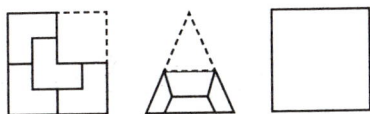

第**2**关 妙用量具

如图所示，有一个容量为 2 升的正方形量具。现在要求使用这个量具准确地量出 1 升的水来。该怎样度量呢？

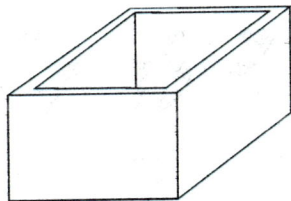

第3关 七桥问题

哥尼斯堡这座城市有两个岛屿（如图所示的 A 和 B），及连接它们的七座桥。岛与河岸之间架有六座桥，另一座桥则连接着两个岛。请问，有没有一种可能在一次行走中走过全部七座桥而不重复经过任何一座？

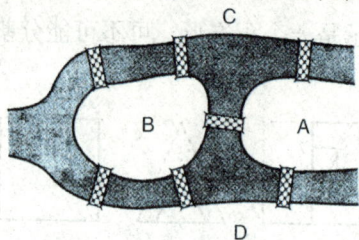

第4关 胶滚滚涂图案

小明用下图甲的胶滚沿着从左到右的方向将图案滚涂到墙上，右边所给的四个图案符合胶滚滚涂图案的是哪一个？

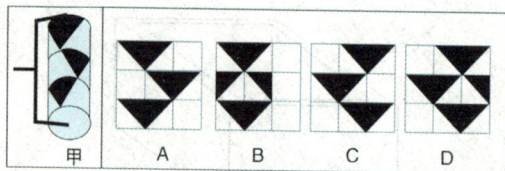

第5关 三视图

选择正确的立体图形三视图。

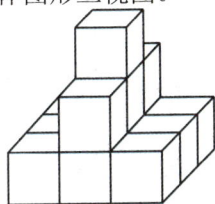

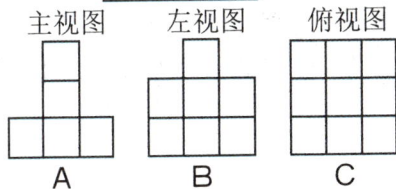

主视图   左视图   俯视图

A   B   C

第6关 三视图

选择正确的立体图形的三视图。

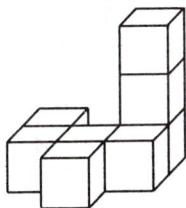

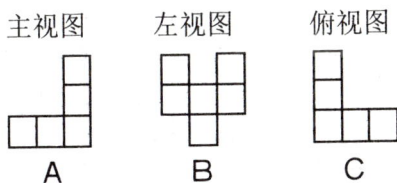

主视图   左视图   俯视图

A   B   C

第7关 包装盒

A～D四个立方体中，哪一个和上面的一模一样？

A   B   C   D

第8关 数立方体

图中有多少个小立方体？

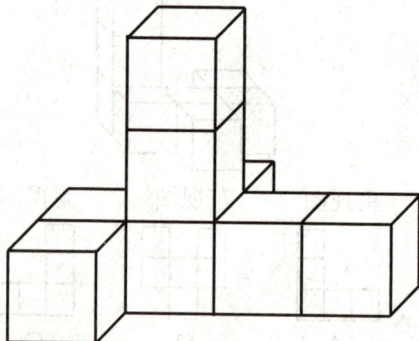

第9关 数立方体

图中有多少个小立方体？

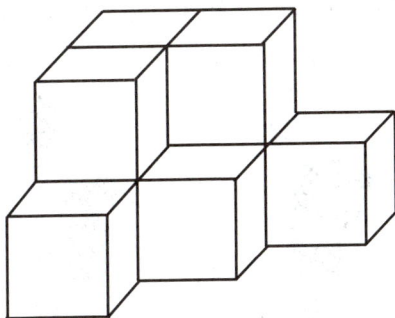

第10关 不可能搭成的桥

　　如图所示中的桥，如果有正确的方法，一样可能搭成这座看似不可能搭成的桥。

　　你能否用积木搭出这样的桥？

第11关 七巧板

下面这两个图形都是由七巧板拼成的，只是左边的那个图形比右边的多出一块来，这么看似乎是不合理的，不过它们确实是由同一组七巧板拼成的，你能做到吗？

第12关 找出对应纸盒

下面四个所给的选项中，哪一选项的盒子不能由左边给定的图形做成？

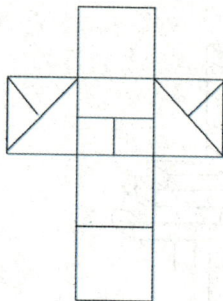

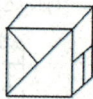
A

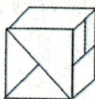
B

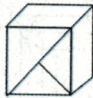
C

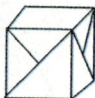
D

第**13**关 钥匙和房间

小明有两个兄弟，他们三兄弟分别住在三个互不相通的房间，每个房间门的锁上都有两把钥匙。

请问：如何安排房间的钥匙才能保证小明三兄弟随时都能进入每个房间？

第**14**关 木棍构图

如图所示，用八根木棍组成两个正方形，其中一个正方形的边长为8厘米；另一个正方形的边长为4厘米。现在要求打乱这个正方形，重新用八根木棍正好构成三个面积相等的正方形。

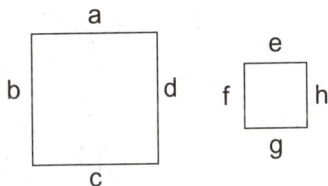

问：应该怎么摆放？

第**15**关 改错

5+5 怎么会等于 5 呢？知错就要改。移动其中的三根火柴，就能将它改正确。你不妨试试看？

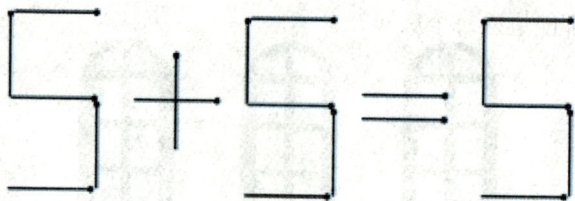

第**16**关 不同形状的立方体

每一种物体从不同的角度都呈现不同的形状。图中的十个由立方体组成的形状中，三种形状出现了两次，一种形状出现了三次，一种形状出现了一次。你能找出这几种不同的形状吗？

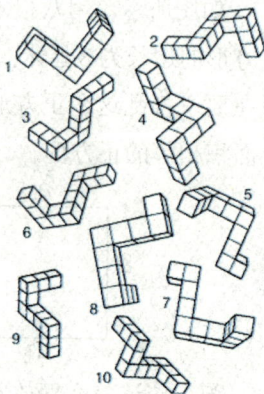

第**17**关 不同的图形

下面七个图形中，有一个和其他六个不同。是哪一个呢？为什么？

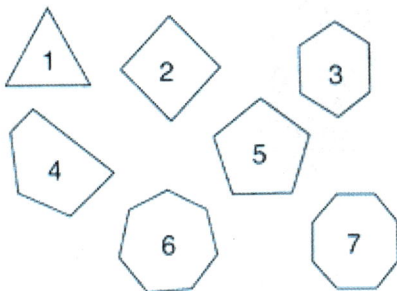

第**18**关 不同的正方形组合

请仔细观察下面的五个图，然后找出这些图形中与众不同的那一个图形。

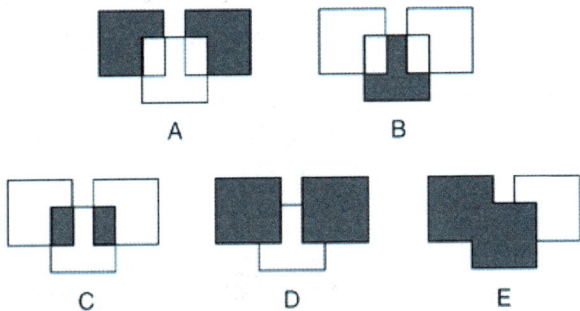

立体过关游戏

第19关 硬币

如图所示，用八枚硬币组成一个L图形。

请问如何能在只移动一枚硬币的情况下，使这个图形竖行与横行的硬币数均为五枚？

立体过关游戏

第20关 通往小岛的桥

小岛位于图中的那样的正方形湖的中心，一个人想从湖边走到小岛上去，他不会游泳。湖边有两块同样的跳板，但每块跳板的长度要从湖边搭到岛上都略短了一些。这个人将如何利用这两块跳板走到小岛上去呢？

小岛

跳板　　跳板

第21关 单摆

单摆一直吸引着科学家们，一个制作精良的单摆可以精确计时，可以测量引力，也可以感知相对运动。

将两个摆长相等，但摆球质量不同的单摆同时释放，其中将较重的那个摆球从较高的高度释放。哪个先摆过一周？

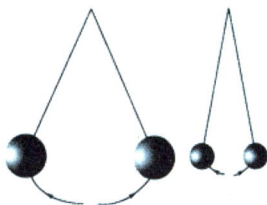

第22关 最小距离

想在三个村庄之间用最经济的方法建立起连接它们的公路。你能找到一种一般化的方法吗？

为了把这个问题弄得更清楚，请观察下面的两个三角形，如何在三角形中找到一个点，使它到三个顶点的距离之和最小？

立体过关游戏

第23关 停车

有车就会有停车的麻烦。有一个如图所示形状的车库，在这样的状况下，下面的车 1、2、3、4（分别停在 I、J、K、L 上）要和上面的车 5、6、7、8（分别停在 A、B、C、D 上）正好互换位置，最少要移动多少次？

需要说明的是，一个框子里只能装下一台车，所谓下面的车和上面的车"正好互换位置"，指的是 1 与 5、2 与 6、3 与 7、4 与 8 互换。

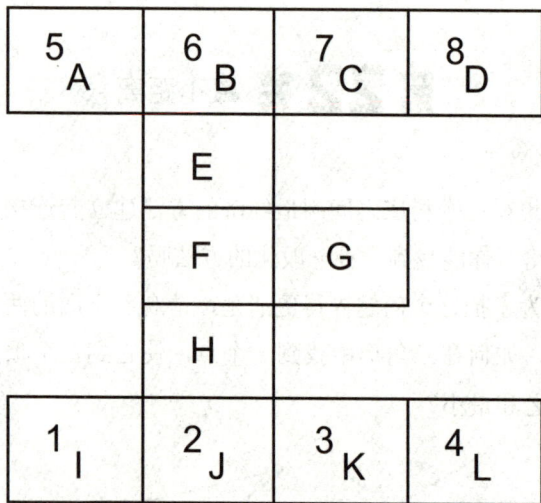

5 A	6 B	7 C	8 D
	E		
	F	G	
	H		
1 I	2 J	3 K	4 L

第 1 关 分割正方形

可以。

此题实际上非常简单。

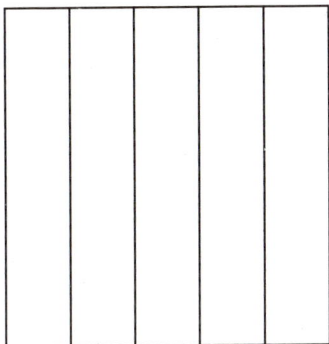

第 2 关 妙用量具

　　如图所示，把量具倾斜，或者使量具的两个顶角与另两个底角处于同一个水平面上。此时所度量的水的体积正好是 1 升。

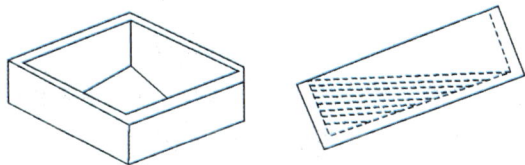

第3关 七桥问题

只通过一次是不可能的。

这道题看上去好像是简单的事情，结果却被证明为非常复杂。七桥问题直到瑞士数学家欧拉才得到解决。欧拉解决这一问题用的是今天人们称之为网络的拓扑学知识。

一个网络基本上可以看成是一个问题的图样。哥尼斯堡七桥问题的网络可以图解如下所示。

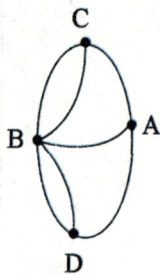

标明A、B、C、D的点分别代表河的北南两岸（C和D）和两个岛（A和B）。线代表将ABCD连接起来的路或桥。两座桥连接C和B，两座连接B和D，一座连接A和B，一座连接A和C，一座连续A和D。欧拉把一个点或结点描述为"奇"的或"偶"的。如果出自一个结点的线的数目是奇数，这结点就是奇的，如果线的数目是偶数，这结点就是偶的。欧拉不仅研究了哥尼斯堡桥，还研究了许多别的网络，结果证明：

要走完一条路线而其中一段行程只许经过一次，只有当奇结点是0和2时才是可能的。在所有其他情况下，如果不走回头路，就不能历遍整个网络。

第4关 胶滚滚涂图案

C。

根据胶滚上的三个三角形的分布状况可以知道，胶滚从左往右滚，最先接触到墙壁的是中间的三角形，当中间的三角形的对称轴接触到墙面时，其他两个三角形同时开始接触墙面，所以，选择C。

第5关 三视图

A、B、C。

三个视角的图形都是正确的。

第6关 三视图

A。

B是俯视图，C是左视图。

第7关 包装盒

B。

只要观察一面即可。可观察上面立方体的左侧面。

第8关 数立方体

8个。

别忘了稍远处的那个。

答案

第9关 数立方体

9个。

上、下两层都要数。

第 10 关　不可能搭成的桥

可以搭出。

只要在搭建开始时多放两块作桥墩，当搭好后桥的结构稳定了，这时就可以把多余的桥墩撤走了。

第 11 关　七巧板

答

案

第 12 关 找出对应纸盒

D。

由左边图形可以看到，带对角线的两个面是相对面，不可能相邻，因此 D 项不符合要求。

第 13 关 钥匙和房间

三兄弟分别拿一个房间的钥匙，再把剩下的钥匙这样安排：1 号房内挂 2 号房的钥匙，2 号房内挂 3 号房的钥匙，3 号房内挂 1 号房的钥匙。这样，无论谁先到家，都能凭着自己掌握的一把钥匙进入三个房间。

答案

第 14 关 木棍构图

如图所示。将 a、b、c、d 四个木棍交叉。

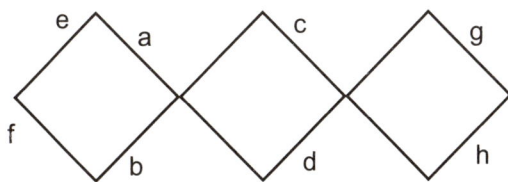

第 15 关 改错

第 16 关 不同形状的立方体

出现两次的是 1-8、4-10 和 5-7；出现三次的是 2-3-9；6 出现一次。

第 17 关 不同的图形

标号为 4 的图形是唯一一个不是正多边形的图形：其边和角不都相同。

答
案

第 18 关 不同的正方形组合

E。

这五个图形中只有它左右颜色不对称。

第 19 关　硬币

　　将 L 图形竖行最上端的那枚硬币移放到 L 图形竖行与横行交点的那枚硬币上 (用黑点表示)，即可达到要求。

第 20 关　通往小岛的桥

　　下面的图给出了两块木板搭成桥的答案。

第 21 关 单摆

同时摆过。

两个摆的周期完全相同。单摆的摆动周期仅仅取决于其摆长。无论摆动幅度有多大，周期都是一样的。

第 22 关 最小距离

无论三个村庄在什么位置，都可以把它们看作三角形的三个顶点，要求找到与三个顶点距离和最短的那个点。

在三角形的三个角都小于 120 度时，只要在三角形中找一点，其到任意两顶点的连线的夹角都是 120 度，如图所示。

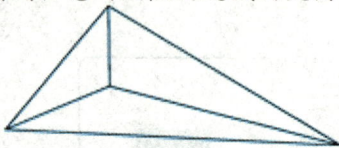

对于有一个角大于 120 度的三角形，最短路径经过构成这个角的顶点。

120°

第 23 关 停车

最少需要移动43次。

1. 6 → G	2. 2 → B	3. 1 → E	4. 3 → H
5. 4 → 1	6. 3 → L	7. 6 → K	8. 4 → G
9. 1 → 1	10. 2 → J	11. 5 → H	12. 4 → A
13. 7 → F	14. 8 → E	15. 4 → D	16. 8 → C
17. 7 → A	18. 8 → G	19. 5 → C	20. 2 → B
21. 1 → E	22. 8 → 1	23. 1 → G	24. 2 → J
25. 7 → H	26. 1 → A	27. 7 → G	28. 2 → B
29. 6 → E	30. 3 → H	31. 8 → L	32. 3 → I
33. 3 → K	34. 3 → G	35. 6 → 1	36. 2 → J
37. 5 → H	38. 3 → C	39. 5 → G	40. 2 → B
41. 6 → E	42. 5 → 1	43. 6 → J	

答案

整合过关游戏

第1关 不合格的罐头

有 10 箱罐头，每箱 20 瓶，每瓶重 1000 克。由于工作人员的失误，有一箱罐头每瓶都少装了 50 克。

现在要求只准打开九箱罐头，并且只称一次，将那箱不合格的罐头找出来。请问，你知道该怎样做吗？

整合过关游戏

第2关 垂吊在水面上的绳梯

在一艘轮船上，向水面垂吊着一个绳梯。现在，水面正好在第九磴处。

假如海水以每小时 40 厘米的高度不断上涨，那么 2 小时后水面该在绳梯的第几磴处？（绳梯磴与磴间的距离是 30 厘米）

第**3**关 握手

甲、乙、丙、丁和戊一起参加会议。

开会前他们相互握手问好。

甲和四个人都握了手；

乙和三个人都握了手；

丙和两个人握了手；

丁只和一个人握了手。

你能知道戊和哪几个人握手了吗？

第**4**关 计算面积

从这个三角形三个顶点各引一条直线与其对边的三等分点相交，这种直线叫做西瓦线，为了纪念意大利著名数学家乔万尼·西瓦。这三条线把三角形分成 7 个区域，每个区域的面积都是总面积的 1/21 的整数倍。

你能计算出各区域的面积吗？

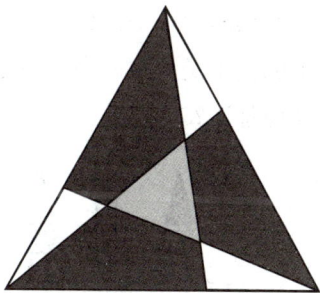

第5关 谁去完成任务

在甲、乙、丙、丁、戊五个人中要抽调若干人去完成某项任务，但要同时符合下列条件：

1. 丁、戊两人至少要去一人；

2. 乙、丙两人只要去一人；

3. 假如戊去，甲、丁就都去；

4. 丙和丁要么两人都去，要么两人都不去；

5. 假如甲去，那么乙也去。

请问，到底谁被抽调出来了呢？

第6关 谁举手了

老师把四名学生在房间里，站立位置如图所示，A和B之间有面墙。老师告诉他们，每人头顶上有顶帽子，共两黑两白，不能回头，不能说话，谁先能知道自己头上的帽子是什么颜色？过了一会儿，有位学生举手了。请问是谁？

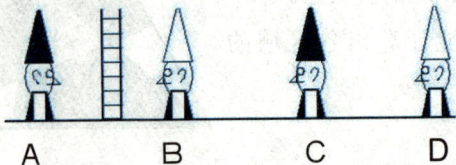

A   B   C   D

整合过关游戏

第**7**关 填颜色

仔细观察下图，想一想图中的空白圆圈应该填上什么样色？

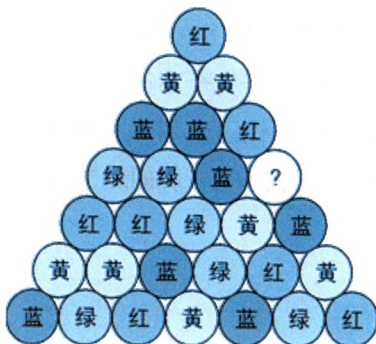

整合过关游戏

第**8**关 秘密年龄

A、B、C三个人的年龄一直是一个秘密。

将 A 的年龄数字的位置对调一下，就是 B 的年龄；

C 的年龄的两倍是 A 与 B 两个年龄的差数；

而 B 的年龄是 C 的 10 倍。

你知道 A、B、C 三人的年龄各是多少吗？

第9关 左脚还是右脚

皮鞋店的老板将三双同款式的高档皮鞋弄散，分别装进标有"左左""右右""左右"的箱子里。但是，这些标签和箱子里的鞋子完全不符。

你能否只打开一个箱子，并从中取出一只鞋子，然后猜出全部箱子里的鞋子是左脚的还是右脚的？

第10关 找翻译

现有 A、B、C 三国语言完全不同的代表召开一个国际会议，这就需要懂 A、B 国和懂 A、C 国及 B、C 国语言的翻译各一名。如果代表国从 A 国增加到 E 国，则有五个完全不同语言的代表参加会议。

那么，在尽可能减少翻译人数并使会议进行下去的条件下，请问，至少需要几名翻译？要求每位翻译只懂两国语言。

第**11**关 确定时间

有两根不均匀分布的香，它们烧完的时间都是一小时，那么你能用它们来确定一段 15 分钟的时间吗？

第**12**关 谁偷了奶酪

有四只小老鼠一块出去偷食物（它们都偷食物了），回来时族长问它们都偷了什么食物。

老鼠 A 说："我们每个人都偷了奶酪。"老鼠 B 说："我只偷了一颗樱桃。"老鼠 C 说："我没偷奶酪。"老鼠 D 说："有些人没偷奶酪。"族长仔细观察了一下，发现它们当中只有一只老鼠说了实话。那么下列的评论正确的是哪个？

1. 所有老鼠都偷了奶酪。
2. 所有的老鼠都没有偷奶酪。
3. 有些老鼠没偷奶酪。
4. 老鼠 B 偷了一颗樱桃。

第13关 猜颜色

　　有三朵红头花和两朵黄头花。将五朵花中的三朵花分别戴在 A、B、C 三个女孩的头上。这三个女孩中，每个人都只能看见其他两个女孩子头上所戴的头花，但看不见自己头上的花朵，并且也不知道剩余的两朵头花的颜色。

　　问 A："你戴的是什么颜色的头花？"

　　A 说："不知道。"

　　问 B："你戴的是什么颜色的头花？"

　　B 想过一会儿之后，也说："不知道。"

　　最后问 C，C 回答说："我知道我戴的头花是什么颜色了。"

　　当然，C 是在听了 A、B 的回答之后而作出推断的。那么，C 戴的是什么颜色的头花？

第14关 五人的成绩

整合过关游戏

A、B、C、D、E五人是同班同学，刚刚参加完五门科目的考试。每门科目的最高成绩为5分，最低为1分。他们的成绩情况如下所示。

（1）五人的总分各不相同，而且在同一门科目中，也没有分数相同的人。但是，每个人都有一门科目的成绩是五个人当中最好的。

（2）如果按照总得分数进行名次排列的话，A为第一名，往后依次为B、C、E、D。

（3）A的总分为18分，B的总分比A少2分。

（4）A的历史成绩最好，而B的语文成绩最好，但是B的地理和英语均排在第三名。

（5）C的地理成绩最好，数学成绩第二，历史成绩第三。

（6）D的数学成绩最好，英语成绩第二。

关于E的成绩，老师只字未提。那么，五个人的各个科目成绩分别是多少？总分是多少？

第15关 快慢不同的手表

有两只手表，一块手表1小时慢2分钟，另一块1小时快1分钟。当走得快的表和走得慢的表相差1小时时，这期间是多长时间？

第16关 买外套

小白羊、小黑羊、小灰羊一起上街各买了一件外套。三件外套的颜色分别是白色、黑色、灰色。回家的路上，一只小羊说："我很久以前就想买白外套，今天终于买到了！"说到这里，好像是发现了什么，惊喜地对同伴说："今天我们可真有意思，白羊没有买白外套，黑羊没有买黑外套，灰羊没有买灰外套。"小黑羊说："真是这样的，你要是不说，我还真没有注意这一点呢！"你能根据他们的对话猜出小白羊、小黑羊和小灰羊各买了什么颜色的外套吗？

第17关 他们有多大

某客车上的甲、乙、丙三位乘客，分别和车上的三个乘务员（司机、售票员、检票员）的年龄相同。现在只知道：

1. 甲今年 25 岁；

2. 检票员昨天下棋输给了与甲同岁的乘务员；

3. 乙今天是回河北老家去的，和乙同岁的乘务员碰巧又是他同乡；

4. 司机的年龄是他女儿年龄的三倍，她现在在家乡山东上小学。

丙的年龄比司机的女儿大 20 岁。

请问，司机今年多大年龄？售票员和哪位乘客同岁？

第18关 开关和灯泡

有两间房间，一间有三个电灯，另一间有三个电灯开关。每个开关能打开一盏灯。

如果只可以进这两个房间各一次，那要如何知道哪个开关控制那盏灯？

整合过关游戏

第 **19** 关 喝可乐

有一杯可乐。当喝完一半时，又兑满凉开水；又喝去一半时，再次兑满凉开水；又经过同样的两次重复，最终喝光了。请你计算一共喝了多少杯可乐？

整合过关游戏

第 **20** 关 眼力如何

有两组数字，分别为：

9 1 2 3 4 5 6 7 8

8 9 7 6 5 4 3 2 I

问：能否一眼就看出哪一组数字之和大？

第21关 书虫啃书

整合过关游戏

书架上并排放着一套线装古书，分为第一卷和第二卷。假设这两卷书的书页厚度都是 3 厘米，封皮、封底的厚度都是 2 毫米。

问：假如有一只书虫从第一卷的第一页开始啃书，直至啃到第二卷书的最后一页，那么，这只书虫一共啃啃了多长的距离？

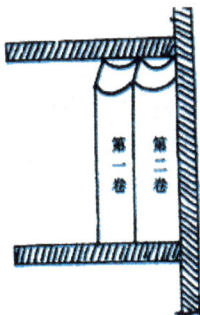

第22关 遗书

整合过关游戏

从前有个农夫，死时留下几头牛，在他的遗书上写道：

"妻子：分给全部牛的半数再加半头；

长子：分给剩下的牛的半数再加半头；

次子：分给还剩下的牛的半数再加半头；

长女：分给最后剩下的半数再加半头。"

结果是一头牛也没杀，也没有剩，正好全部分完。请问农夫死时留下几头牛？

第23关 翻牌

有六张扑克牌，全部反面朝上的扣在桌子上。已知其中有两张且只有两张是K，但是你不知道K在哪个位置上。

现在请你随便取两张并把它们翻开，你认为下面那种情况出现的可能性比较大？

（1）两张牌至少有一张是K；

（2）两张牌中没有一张是K。

第24关 三枚硬币

小明和小军打赌。

小明说："我向空中扔三枚硬币。如果它们落地后全是正面朝上，我就给你10元钱。如果这三枚硬币全是反面朝上我也给你10元钱。但是如果它们落地时是其他情况，那你就得给我5元钱。"

你认为小军会和小明打这个赌吗？

第25关 各得多少分

甲、乙、丙、丁四人打靶，下图靶盘上的1、3、5、7、9，表示打中该靶每个区域的具体得分。甲、乙、丙、丁四人各打六次，每次都打中了该靶。最后四个人对自己的分数是这样说的。

甲说：我只得了8分。

乙说：我一共得了56分。

丙说：我共得了28分。

丁说：我得了27分。

你认为他们说的得分情况可能吗？如果可能的话，请说出他们每次打中的分数；如果不可能，请说明理由。

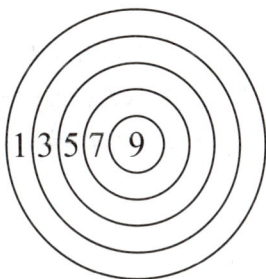

第 1 关　不合格的罐头

　　将箱子从 1 到 9 进行编号，然后依次抽出与箱子编号相同的罐头，即 1 号箱抽出 1 瓶罐头，2 号箱抽出 2 瓶罐头……以此类推。这样一共取出 1+2+3+……+9=45 瓶，称重。如果不缺重的话，总重量应该为 45×1000 克 =45000 克。所称的实际重量为 X。如果 X 恰好是 45000 克，那就表明 10 号箱是不合格的罐头，但是如果所的重量低于 45000 克，那么 45000 － X= 所缺的重量，算一下所缺重量为 50 的多少倍，就能知道是哪一箱出了问题。如果缺 50 克，就表明第 1 箱有问题，缺 100 克，就表明第 2 箱有问题……以此类推。

第 2 关　垂吊在水面上的绳梯

　　水面与最初一样，仍在绳梯上数第九磴处。

　　因为船浮在水上，所以无论涨潮水面升高还是退潮水面降低，绳梯都会与船一起升降。

答案

第3关 握手

戊和甲、乙握了手。

甲和四个人握了手，说明甲和除自己之外的每个人都握了手，即同乙、丙、丁和戊都握过手。

丁只和一个人握过手，所以他只和甲握过手。

乙和三个人握过手，因此可以推断出这三个人是甲、丙和戊。

丙和两个人握过手，这两个人只能是甲和乙。

第4关 计算面积

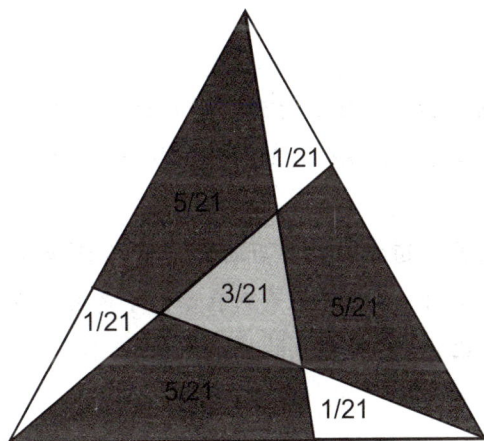

答案

第 5 关 谁去完成任务

假设甲去，根据第 5 条乙也去，根据第 2 条丙不去，根据第 4 条丁不去，根据第 1 条戊去，根据第 3 条丁也去。丁去、丁又不去的矛盾结论，故甲不能去。

假设甲不去，根据第 3 条戊不去，根据第 1 条丁去，根据第 4 条丙也去，根据第 2 条乙不去。

因此，在甲、乙、丙、丁、戊五个人中，应该让丙、丁两人去完成任务。

第 6 关 谁举手了

C 举手了。

D 排在最后，他能看到 B 和 C 的帽子颜色，但他没有立刻举手，说明他看到的是一白一黑，所以他无法判断。

C 由此知道排在他身后的 D 看到的 B 和自己的帽子颜色是一白一黑，而他看到 B 的帽子是白色的，所以他猜到自己的帽子是黑色的。

第 7 关 填颜色

绿色。

刚开始看，你也许会觉得这些圆圈的排列根本就没有什么规律，怎么能知道应该填什么颜色，但只要你仔细地看就会发现，它们的排列其实是有规律的：开始是红色，接下来是黄色，然后是蓝色，再然后是绿色。

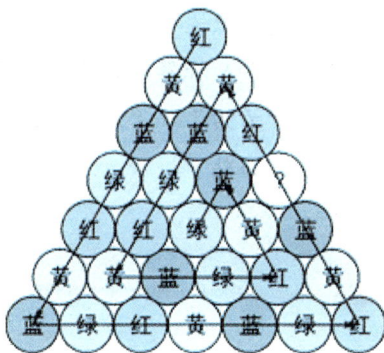

第 8 关 秘密年龄

A 是 54 岁，B 是 45 岁，C 是 4 岁半。

第9关 左脚还是右脚

先打开标有"左右"标签的箱子。

因为箱子的标签和里面的鞋子是完全不符的，所以，标有"左右"标签的箱子里面的鞋子就一定不是左右两只，那么其只能是"右右"或"左左"。

将盒子打开后，任意取出一只鞋子，如果这是右（左）脚的鞋子，那么就可以断定这个箱子里面的鞋子是两只右（左）脚的。那么标有"左左"（"右右"）标签的箱子里不可能装的是两只左（右）脚的鞋子，因此在标有"左左"（"右右"）标签的箱子里，放的是左右两只鞋子。剩下标有"右右"（"左左"）标签的箱子里放的只能是两只左脚的鞋子。

第10关 找翻译

四位。

比方，分别用各自懂A、B、C、D国语言并且都懂E国语言的翻译共四人的话，那么只需通过E国语言就可以使全部代表听得懂了。

第 11 关 确定时间

能。

可以将整个过程分解成三个步骤：第一步，同时点燃一根香的两端，另一根香只点燃一端；

第二步，等到那根两端都点燃的香烧完之后（此时用时 30 分钟），便将另一根香的另一端点燃；

第三步，从点燃另一根香的另一端开始，直到它烧完的时间就是 15 分钟。

第 12 关 谁偷了奶酪

1.

假设老鼠 A 说的是真话，那么其他三只老鼠说的都是假话，选项 1 正确。

假设老鼠 B 说的是真话，那么老鼠 A 说的就是假话，老鼠 C 偷奶酪了，老鼠 A 和 D 矛盾。

假设老鼠 C 或 D 说的是实话，这两种假设只能推出老鼠 A 说假话，与前提不符。

所以，只有选项 1 正确，所有的老鼠都偷了奶酪。

答案

第 13 关 猜颜色

红色。

A 看到两红或一红一黄。如果 B 看到 C 戴黄色的头花，代表 A 看到一红一黄，B 就能推断出自己戴红色的头花；如果 B 看到 C 戴红头花，B 就不能推断自己戴什么色彩的头花，也就是说 B 回答不知道，代表 B 看到 C 戴红色的头花。所以，C 就知道自己戴红头花。

第 14 关 五人的成绩

根据题目中提供的信息，可以列表如下所示。

姓名	历史	语文	地理	英语	数学	总分
A	5	4	4	2	3	18
B	4	5	3	3	1	16
C	3	2	5	1	4	15
D	1	1	1	4	5	12
E	2	3	2	5	2	14

答案

第 15 关 快慢不同的手表

20 个小时。

千万不要陷入复杂的计算，这道题完全可以用简单的办法来解答：一只表慢 2 分钟，一只表快 1 分钟，那么每小时两块表差 3 分钟，这样，答案很快就出来了。

1 个小时 ÷ 3 分钟 ＝ 20 个小时

第 16 关 买外套

小白羊买了黑外套，小黑羊买了灰外套，小灰羊买了白外套。

根据第一只羊的话，买白外套的一定不是小白羊，是小黑羊或者是小灰羊，但是根据小黑羊的话第一个说话的一定是小灰羊，那么小灰羊一定买了白外套。小黑羊没有买黑外套也不能买白外套，只能买灰外套。小白羊只能买黑外套了。

第 17 关　他们有多大

司机今年 30 岁，售票员和甲乘客同岁。

司机的老家是山东，乙的老家是河北，那么根据条件 3，司机不会和乙同龄；司机的年龄是他女儿的三倍，那么根据条件 1，他也不和甲同龄。所以，司机和丙同龄。因丙的年龄比司机的女儿大 20 岁，所以可以得出他们的年龄为 30 岁。

既然甲不与司机同年，而且根据条件 2，可知甲也不和检票员同岁，因而甲和售票员同岁了。

第 18 关　开关和灯泡

首先，打开第一盏灯，让它亮很久，再把它关掉。

然后打开第二盏灯，并且到另一间房间去。

此时摸一下灯泡，发热的灯泡为第一盏灯，亮着的灯泡是第二盏灯，那么剩下的那个就是第三盏灯。

第 19 关　喝可乐

一杯可乐。

对此问题，我们可以展开一下想像，如果将一滴墨汁滴到一杯水中，无论视觉效果在心理上引起多大的变化，这杯水中的墨汁成分始终还是"一滴"。如果将这种想像移植到本题中，思维就可以一开始便紧紧抓住"有一杯可乐"，从而摆脱迫切要求计算的心理顺应，对主观判断的图式进行反思：原本就一杯可乐，不管它兑了多少次凉开水，都改变不了它原来的量。因此，总共喝的可乐还是原来的那杯可乐。

第 20 关　眼力如何

两组数字之和相同。

注意力一开始就被数字所吸引，思维就会忽略问题的关键。实际上，本题所要问的是哪一组"数字之和"大，而这两组的数字组合是一样的。

注意力一开始就不被其他细节所干扰，直接指向问题的关键，将注意力从观察数字序列及时转移到观察数字的组合上，也是思维灵活的一种表现。

答案

第21关 书虫啃书

4毫米。

当在问题中说明了书的各个部分的厚度时，思维就不由自主地想把它们计算进去。以至于忽略了观察，从第一卷的第一页开始，穿透整部第一卷的全部书页、封底，第二卷的封皮、全部书页，于是得出：

3厘米+2毫米+2毫米+3厘米=6.4厘米。

但是，这是一个错误的判断。按照古书的装帧设计，是向右翻页的。这样，按照图中的排列顺序，所谓第一卷的第一页与第二卷的最后一页，其间相隔仅是第一卷的封皮和第二卷的封底的距离。

第22关 遗书

一共是15头。

因为15头的半数是7.5头，再加半头就是8头，余下7头。7头的半数是3.5头，再加半头是4头，余3头。3头的半数是1.5头，再加半头是2头，余1头。1头的半数是0.5头，再加半头是1头。

答案

第 23 关 翻牌

第一种可能性大。

我们把这六张牌用 1~6 的数字编号，假设 1 号牌和 2 号牌是 K。那么从这六张牌中取出两张的组合为：

（1）1、2；

（2）1、3；

（3）1、4；

（4）1、5；

（5）1、6；

（6）2、3；

（7）2、4；

（8）2、5；

（9）2、6；

（10）3、4；

（11）3、5；

（12）3、6；

（13）4、5；

（14）4、6；

（15）5、6。

一共有 15 种组合，在这 15 种组合中有九对包含 K 牌。那么就说明每翻牌 15 次就有九次翻出 K 牌。也就是说翻出 K 牌的可能性是 9/15，而 9/15= 3/5>1/2，所以说至少翻出一张 K 牌的可能性要比一张翻不出来 K 牌的可能性大。

答案

第24关 三枚硬币

小军不会与小明打这个赌。

要想知道小军会不会与小明打赌，我们先来看看硬币落地时全是正面和全是反面的概率有多少就知道了。

首先列出三枚硬币落地时的所有可能的式样。总共有八种式样，分别是：

正面、正面、正面；

正面、正面、反面；

正面、反面、反面；

正面、反面、正面；

反面、正面、正面；

反面、正面、反面；

反面、反面、正面；

反面、反面、反面。

以上每种样式出现的可能性都与其他样式相同。而出现金是正面和全是反面的情况只有两种，也就是说硬币落地时全是正面和全是反面的可能性只有2/8（1/4），而硬币落地时不是上述两种情况的可能性是（3/4）。

答
案

第 25 关 各得多少分

(1) 甲的情况是可能的。

因为六次都中靶，而总分又只有 8 分，因此不可能有一次得 5 分以上，最多只有一次得 3 分。这样其余 5 次各得 1 分，即：1、1、1、1、1、3，共 8 分。

(2) 乙的情况不可能。

因为即使六次都中靶，每次都得 9 分，才得 54 分，也要比 56 分少。所以，他说的情况是不可能的。

(3) 丙的情况是可能的。

从总分是 28 分我们可以知道，最多有两次是得 9 分。如果有三次得 9 分，共 27 分，其余三次即使都得 1 分，也超过了 28 分。所以，可能得到三种情况：

9、9、7、1、1、1；

9、9、5、3、1、1；

9、9、3、3、3、1。

如果只有一次得 9 分，这样又有六种可能情况：

9、7、7、3、1、1；

9、7、5、5、1、1；

9、7、5、3、3、1；

9、7、3、3、3、3；

9、5、5、5、3、1；

9、5、5、3、3、3。

如果一次也没得到 9 分，可能有七种情况：

答
案

7、7、7、5、1、1；

7、7、7、3、3、1；

7、7、5、5、3、1；

7、7、5、3、3、3；

7、5、5、5、3、1；

7、5、5、5、3、3；

5、5、5、5、5、3。

所以，丙的总分是 28 分的情况一共有 16 种。

(4) 丁的情况是不可能的。

因为中靶的分数都是奇数，六个奇数的，和一定是偶数，而 27 是奇数，所以不可能。

第9关 填入符号

如图所示，将符号〇、△、× 填入 25 个空格中，每格 1 个。那么，其中标有"？"的格子应该填入什么符号？

〇	×	△	〇	〇
△	×	△	×	×
×	〇	〇	△	△
〇	△	×	〇	〇
？	×	〇	△	×

第10关 与众不同的一个

下面四个图形中，请找出与众不同的那个。

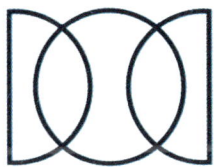

A

B

脑动力

过关游戏

刘玉成 | 编著

中华工商联合出版社